Der Duft der reinen Liebe

Swamini Krishnamrita Prana

Mata Amritanandamayi Center, San Ramon
Kalifornien, Vereinigte Staaten

Der Duft der reinen Liebe
von Swamini Krishnamrita Prana

Herausgegeben von:
  Mata Amritanandamayi Center
  P.O. Box 613
  San Ramon, CA 94583
  Vereinigte Staaten

––––––– *Fragrance of Pure Love (German)* –––––––

Umschlaggestaltung nach einem Gemälde von Vimal.

Erstausgabe vom MA Center: September 2016

In Deutschland: www.amma.de

In der Schweiz: www.amma-schweiz.ch

In Indien:
  inform@amritapuri.org
  www.amritapuri.org

Inhalt

„Du weißt wohl nicht, wie lange schon
ich den Wunsch hegte,
dir eine Gabe darzubringen.
Doch nichts erschien mir angemessen.
Ist es denn sinnvoll,
der Goldmine Gold zu geben
oder dem Meer Wasser?
Alles, was mir einfiel, kam mir vor
wie eine Gabe von Gewürzen an den Orient.
Weder mein Herz noch meine Seele
kann ich Dir schenken,
denn sie gehören Dir bereits.
Nun bringe ich Dir einen Spiegel.
Betrachte Dich Selbst darin
und erinnere Dich meiner."

— Rumi

Kapitel 1

In Gott ein Zuhause finden

1982 sah ich Amma zum ersten Mal. Sie saß auf dem Boden einer kleinen strohgedeckten Hütte aus Kokospalmwedeln und war von Menschen umgeben, mit denen sie sich unterhielt. Als ich hereinkam, sprang Amma auf, kam auf mich zu und begrüßte mich mit einer herzlichen Umarmung. Ihre überströmende Herzlichkeit verschlug mir den Atem. Ich stand wie unter Schock, da es mir unvorstellbar war, jemand könne einer Fremden so viel Liebe schenken.

Ich kam gerade von einem spirituellen Zentrum in Nordindien zurück, wo der Guru in gehörigem Abstand saß und es niemandem gestattet war ihn zu berühren. Es gibt spirituelle Führer, die meinen, durch die Berührung anderer Menschen ihrer Energie beraubt zu werden. Man sagt, die Energie fließe durch den Körper und dann aus den Füßen hinaus. Die ehrfurchtsvolle Berührung der Füße kann segensvoll sein. Viele Lehrer lassen aber zum Schutz ihrer Energie körperlichen Kontakt nicht zu, sondern erlauben lediglich eine Verneigung aus einem gewissen Abstand.

Amma stand über all dem. Voller Mitgefühl stellte sie enthusiastisch ihren Körper, ihr Leben und ihre Seele der Welt zur Verfügung. Aus der Perspektive meines damaligen spirituellen Wissens war sie einfach unglaublich. Ich hatte gemeint, alles über Spiritualität zu wissen, doch Amma zeigte mir auf der Stelle, dass ich überhaupt nichts von reiner göttlicher Liebe verstand. Ihre so unmittelbar aus dem Herzen strömende Liebe und Zuneigung erstaunten mich.

Glücklicherweise wurde es mir dank Ammas Gnade möglich, mit ihr bereits zu einer Zeit im Ashram zu leben, als dort erst vierzehn Menschen wohnten.

Mein Leben mit Amma eröffnete mir eine ganz neue Art von Hingabe und eine sinnvolle innere Orientierung abseits der Welt. Vor meinen Augen wurden durch Ammas Art und

Weise zu leben und zu handeln spirituelle Lehren, die ich bisher nur gelesen oder von denen ich gehört hatte, zur unmittelbaren Erfahrung. Und wie bescheiden sie dabei immer war! Ihre schlichte Bescheidenheit gehört zum Tiefsten und zugleich Subtilsten ihrer Lehren.

Anfangs fiel es mir schwer, ihr Handeln zu begreifen, da ich nie zuvor ein so gotterfülltes Wesen gesehen hatte. Manchmal legte sie sich auf den Sandboden oder bei jemandem von uns auf den Schoß, sang Lieder zu Gott oder glitt unversehens in einen Zustand göttlichen Rausches, in dem sie ekstatisch lachte oder weinte.

Amma leitete uns in unserer täglichen spirituellen Praxis dazu an, abgesehen von ihr selbst, über eine göttliche Gestalt zu meditieren. Sie regte uns an, eine Form zu wählen, die uns noch *nicht* vertraut war, um unsere Hingabe zu stärken und unser Verlangen nach Vereinigung mit dem Göttlichen zu wecken. Glücklicherweise stand Amma uns einfach zur Verfügung und war täglich stundenlang für jeden da, der ihre Gegenwart suchte, sogar nachts.

Eines Tages beschlossen wir, für Amma ein kleines Haus zu errichten, um ihr mehr

Privatsphäre zu ermöglichen; andernfalls bliebe sie ständig auf Abruf und wäre allem und jedem vierundzwanzig Stunden am Tag gnadenlos ausgeliefert. Im oberen Stockwerk wurden zwei kleine Räume für Amma eingerichtet, ein Schlafraum und ein Empfangsraum für ihre Besucher. Den unteren Raum nutzten wir für Meditation. In den ersten Monaten nach Fertigstellung des Gebäudes weigerte Amma sich, aus ihrer kleinen Hütte auszuziehen, da sie diese beiden neuen Räume als viel zu luxuriös für sich selbst empfand, obwohl sie in Wirklichkeit äußerst schlicht waren. Schließlich gab Amma aufgrund unseres ständigen Bittens nach und zog dort ein.

Wir versammelten uns täglich im unteren Raum zur Meditation. Eines Tages begann einer der *brahmacharis* (zölibatär lebender Schüler/ Mönch) mit der Praxis eines bestimmten Yoga (Asana), das ich noch nie gesehen hatte. Ich sah interessiert mit weit geöffneten Augen zu, wie er seinen Magen so tief einzog, dass er völlig konkav war. Ich war verblüfft, dass der Körper zu so etwas überhaupt fähig war!

Ich dachte: ‚Ach du meine Güte! Was geschieht denn hier?‘ Als ich schockiert auf seinen verschwindenden Magen starrte, kam Amma herein, sah meinen fassungslosen Blick und verkündete: „Die Mädchen sollen ab jetzt draußen sitzen."

Von da an saßen wir wenigen jungen Frauen auf der Veranda außerhalb der Meditationshalle. Draußen war es viel schöner, mit Blick auf die Kokospalmen, den Sand und die Backwaters. Dort sah ich in meiner Vorstellung Krishna in meiner Nähe tanzen - mitten in der Natur und wenn Regentropfen vom Himmel auf die Erde fielen.

Ich entdeckte das wunderbare Geschenk unserer Vorstellungskraft, die uns durch lange Meditationsphasen begleiten kann. Es ist schwierig, sich längere Zeit zu konzentrieren, aber wenn wir unsere Vorstellungskraft positiv einsetzen, kann uns dies in immer höhere spirituelle Ebenen führen.

Das Leben mit Amma war so gesegnet wie ich es noch nie erlebt hatte und mir auch nie hätte träumen lassen können. Es gab allerdings auch herausfordernde Zeiten.

Obwohl die Freude des spirituellen Lebens einzigartig ist, kennt man in der Spiritualität die ‚dunkle Nacht der Seele.' Dies ist ein Zustand intensiver Angst und eines Hin-und-Hergerissenseins zwischen dem Einfluss des weltlichen Lebens und der Sehnsucht nach spirituellem Leben. Diese Not entsteht, weil das spirituelle Leben noch nicht vollkommen verinnerlicht ist. Auch wenn wir in dieser Phase wissen, dass es auf der spirituellen Reise keinen anderen Weg gibt, geraten wir öfter in eine schwermütige Stimmung.

In meinen ersten Jahren mit Amma hatte ich das Gefühl, durch so etwas hindurchzugehen und ich erinnere mich, wie peinlich es mir war und dass ich niemandem davon erzählen wollte. Ich hatte schreckliche Gefühle, weil ich meinte, nur ich müsse so etwas durchstehen, niemand sonst fühle sich so wertlos oder habe solch peinigende Gefühle. Als ich schließlich einem westlichen Mitbewohner anvertraute, was ich durchmachte, erzählte er mir, er habe bei seinem ersten Guru in den ersten zwei Jahren genau dasselbe erlebt. Das Bewusstsein, dass diese

,dunkle Nacht' für spirituell Suchende nichts Ungewöhnliches ist, half mir sie zu überwinden.

Amma offenbart uns, dass wahrer Glauben unerschütterlich ist und wenn das nicht der Fall ist, handelt es sich nicht um *wirklichen* Glauben. Das Gute an solch einem Zustand: Wenn man ihn durchlitten hat, geht der Glaube an Gott nie mehr verloren. Es ist eine allgemeine Erfahrung, dass die ersten beiden Jahre in einem Ashram, wenn man dort ständig lebt, am schwersten sind, denn auf diesem neuen Lebensweg muss man sich an sehr viel verschiedene Dinge gewöhnen.

Amma erinnert uns daran, dass wir keine isolierten Inseln sind - jeder ist wie ein Glied in derselben Kette. Uns allen begegnen im Leben oft dieselben Dinge, lediglich auf etwas unterschiedliche Weise.

Amma riet mir in jener Leidenszeit, ich solle entweder eine tiefe Verbundenheit mit Amma oder mit dem Ashram entwickeln. Erstaunlicherweise wählte ich den Ashram.

Ich hatte mich entschieden, bei Amma zu leben, damit sie mich als mein Guru leiten möge. Anscheinend waren fast alle anderen in den Ashram gekommen, weil sie in Amma die

Mutter sahen, weshalb sie eine viel herzlichere mütterliche Nähe zu ihr als ich empfanden. Da ich Amma vor allem als meinen Guru ansah, entstand ein wenig Distanz. Ich spürte in meiner Liebe zu Amma so etwas wie Ehrfurcht, da ich in ihr vor allem den Guru sah; deshalb fiel es mir leichter, mit dem Ashram ein inniges Band zu knüpfen. Erst Jahre später wurde mir bewusst, dass *'bhaya bhakti'* (Ehrfurcht) ein notwendiger Aspekt von Hingabe ist, der uns vor einem zu lässigen Umgang mit dem Guru bewahrt.

Während der ersten zehn Jahre begleitete ich Amma auf all ihren Reisen. Als immer mehr Menschen mitreisten, schien es mir besser zurück zu bleiben, um bei der Versorgung des ständig größer werdenden Ashrams mitzuhelfen. Es erschien mir nützlicher im Ashram zu arbeiten als mit Amma und Hunderten von Menschen zu reisen. Schließlich war der Ashram für mich einfach dasselbe wie Amma. Man sagt, der Ashram sei der Körper des Guru - und das habe ich wirklich immer so empfunden.

Die meisten Menschen halten sich sehr gern in Ammas physischer Nähe auf, ohne unbedingt dasselbe dem Ashram gegenüber zu empfinden.

Bei mir begann es anders herum: Zuerst fühlte ich mich sehr mit dem Ashram verbunden; schließlich wurde auch mir die Gnade zuteil, mich eng mit Amma zu verbinden.

Amma wusste, dass ich ein Mensch war, der ein wenig Distanz zu ihr brauchte. Als sie spürte, dass die Zeit reif war, zog sie mich immer enger an sich und vielleicht auch, weil sie fühlte, dass es an der Zeit war, tiefer an mir zu arbeiten.

Mittlerweile empfinde ich sogar mehr Liebe zu Amma als zum Ashram, obwohl beides eigentlich ein und dasselbe sind. Ein Ashram *ist* in seiner Essenz der Körper des Guru und Amritapuri ist mein Himmel auf Erden.

Kapitel 2

Eine Kindheit voller Mangos und Segen

Wenn wir mit Amma im Auto unterwegs sind, erzählt sie gern von ihrer Kindheit. In der Erinnerung an die alten Zeiten strahlt ihr Gesicht vor Freude. Manchmal frage ich mich, warum sie so oft an diese Zeiten denkt - vielleicht, weil man damals Selbstlosigkeit und Liebe viel mehr wertschätzte.

Als Amma aufwuchs, war das Leben im Dorf und in der Familie noch von traditionellen Werten geprägt. Da es für jeden selbstverständlich war zu geben und zu teilen, so sagt sie, bedurfte es keiner weiteren spirituellen Praxis. Sie erinnert sich immer wieder so gerne an ihre Jugend, weil sie auch uns anleiten möchte, uns an den Grundtugenden Selbstlosigkeit, Liebe, Geben und Teilen zu orientieren.

Im Gespräch mit einer Frau beschrieb Amma einmal die täglichen Aufgaben ihrer Mutter: Sie züchtete Hühner, Enten, Ziegen und Kühe, pflanzte kleine Kokospalmen und fertigte Seile aus den Fasern von Kokosschalen. Im Vorgarten pflanzte sie eine Fülle von ayurvedischen Heilkräutern an, aus deren Blättern sie Heilmittel zur Behandlung aller möglichen Krankheiten, von Husten und Fieber bis zu geschwollenen Händen, herstellte. Obwohl Ammas Mutter keine Ausbildung hatte, war sie eine ausgezeichnete Geschäftsfrau und verdiente oft doppelt so viel wie ihr Mann. Neben der Versorgung ihrer großen Familie arbeitete sie unermüdlich und behandelte trotz ihrer schweren Arbeit jeden freundlich. Obwohl die körperliche Arbeit ihr viel abverlangte, war sie unentwegt auf Gott konzentriert, denn damals empfand man alles Tun und Handeln als Gottesverehrung.

Wenn Ammas Mutter Essen kochte, stellte sie *zuerst* immer etwas für Nachbarn oder andere hungerleidende Menschen beiseite. Ihr erster Impuls war anderen zu geben. Diese selbstlose Haltung war damals selbstverständlich. Kamen Gäste, wurde ihnen vom Besten, was man hatte,

serviert und die Kinder mussten sich mit Wasser-
reis begnügen. Aus Protest stibitzten sie manchmal Dickmilch oder Kokos-Stücke, streuten sich
Zucker darauf und aßen es heimlich gemeinsam.
Wurden sie erwischt, gab es ordentlich Schelte.

Wenn Gäste ins Elternhaus kamen, war
Amma stets bereit zu helfen. Gab es dann gelegentlich kein Trockenholz, kletterte sie auf eine
Kokospalme und pflückte trockene Blätter, um
Tee auf dem Feuer zu kochen. Wenn Amma
nicht auffindbar war, entdeckte ihre Mutter sie
bisweilen auf einer Kokospalme und schimpfte:
„Es wird dich niemand außer einem Kokos-
palmkletterer jemals heiraten wollen!" Amma
wechselte *dieses* Thema dann immer rasch.

Bei Hochzeiten im Dorf steuerte jeder etwas
in Form von Goldschmuck oder Geld bei, um
die Frischvermählten zu versorgen. Damals kam
niemand auf die Idee, etwas für „morgen" zu
horten, sondern jeder gab, was er besaß.

Wohlhabende Leute meinen oft, sie hätten
die Freiheit alles zu tun, was sie wollen. Fehlt
es ihnen aber an so grundlegenden Tugenden
wie selbstlose Liebe und dem richtigen Arbeits-
ethos, wird ihnen wohl kaum wahres Glück

zuteil werden. Heutzutage sterben positive Werte zusehends aus und auch in Indien werden wie überall in der Welt die alten Werte immer stärker ausgehöhlt.

Ammas Kultur und spirituelle Ausrichtung beruhen auf Werten wie Geben und der daraus entspringenden Freude. Durch ihr leuchtendes Vorbild, dem es nachzueifern gilt, versucht sie diese Werte vor dem Aussterben in der Welt zu bewahren.

Amma lebt uns das Ideal reiner Selbstlosigkeit vor. Auch wenn sie kranken Menschen rät sich auszuruhen, ruht sie selbst sich nie aus. Die meisten Menschen möchten es sich im Leben möglichst einfach machen, wählen den schnellsten und bequemsten Weg und überlegen nur, was sie sich dabei nehmen können. Amma hingegen bleibt stets auf dem traditionellen, höchst anspruchslosen Pfad, ohne dass ihre Werte wie Liebe und Mitgefühl jemals auf der Strecke bleiben. Sie überlegt stets, was sie geben kann.

Amma erblickt immer und überall das Wunder und die Schönheit Gottes. Schon als kleines Kind erkannte sie in allem Gott: in den Mauern, Bäumen, Pflanzen, Schmetterlingen, einfach in allem. Sie erinnert sich daran, wie sie Libellen, Schmetterlinge, Bienen und Vögel im nahen Wald fing. Manchmal stachen die Bienen und Libellen sie beim Einfangen, weil sie nicht merkten, dass Amma ihnen einfach nur Lieder vorsingen wollte. Sie erfand spontan Lieder, wenn sie beseligt durch den Wald tanzte und den Bäumen und Blumen Geschichten erzählte. Amma sprach zu allem in der Natur als vertraute Freundin, denn das war sie wirklich.

Wenn Amma bei unseren gemeinsamen Autofahrten einen Fluss sieht, erinnert sie sich wie sie als Kinder in den Backwaters zum Schwimmen gingen. Wenn die Mädchen nicht schwimmen durften, gingen sie nur bis zu den Knien ins Wasser und hielten ihre Kleider hoch. So konnten sie ein Stück ins Wasser gehen, ohne dass ihre Mütter etwas merkten, weil ihre Kleider trocken blieben.

Als Amma klein war, rannte sie mit allen anderen Kinder bei starkem Wind hinaus zu den Mangobäumen und betete inbrünstig zum Wind, er möge ihnen Früchte abwerfen. Bis heute erinnert das Rauschen des Windes in den Bäumen Amma an diese unschuldigen Gebete.

Mittlerweile sehnt sich die gesamte Schöpfung schmerzlich nach der heilenden Berührung der Göttlichen Mutter - nicht nur die Menschen, sondern Mutter Natur selbst. Als Amma aufwuchs, verstanden die Dorfbewohner in ihrer tiefen Naturverbundenheit es noch Mutter Natur zu verehren, die uns ganz selbstlos immerzu beschenkt. Heutzutage ist das völlig anders geworden: Unser Mangel an Respekt hat zur permanenten Zerstörung der Natur geführt. Deshalb müssen traditionelle Werte wie Sorgfalt und Respekt vor allen Lebewesen zum Schutz unserer Umwelt wieder hergestellt werden.

Vor einigen Jahren auf der Insel Mauritius bestand Amma auf dem Besuch eines bestimmten Anwesens, um das Haus und seine Besitzer zu segnen. Die Familie lebte längst nicht mehr dort und das Haus stand leer. Wir alle meinten, Amma solle sich doch nicht solch unnötige Mühe machen, da sie die ganze Nacht Darshan gegeben hatte und wir ihr nun etwas Ruhe wünschten. Doch sie blieb hartnäckig.

Sie wollte noch einmal zu dem Ort, an dem sie sich Jahre zuvor aufgehalten hatte, um den Bäumen, Pflanzen und Wänden des Hauses, das ihr Unterkunft gewährt hatte, ‚danke' zu sagen. Sie ermahnte uns zur Dankbarkeit und niemals unseren Ursprung zu vergessen, aus dem wir alle kommen.

Kapitel 3

Geboren um die Menschheit zu erheben

Amma verstand von Geburt an die Aufgabe ihres Lebens: die leidende Menschheit zu erheben. Schon als junges Mädchen brachte sie ihre überströmende Liebe zum Ausdruck. Sie versuchte stets, so gut sie konnte, die Leiden anderer Menschen zu lindern.

Amma erblickt in allem Gott. In ihrer Kindheit befand sie sich sehr oft in einem glückseligen Zustand, obwohl sie das herzzerreißende Elend aufgrund der herrschenden Armut in ihrem Dorf sah.

Viele Dorfbewohner mussten körperliches Leiden ertragen, da sie die wenigen Rupies für Schmerzmittel nicht aufbringen konnten. Manche Eltern mussten ihre Kinder aus der Schule nehmen, weil sie nicht genügend Geld besaßen, um das Papier für die Schulprüfungen ihrer Kinder zu bezahlen.

Die kleinen Hütten, in denen die meisten Dorfbewohner lebten, bestanden aus geflochtenen Kokospalmenblättern. Die Dächer mussten jedes Jahr, vor allem vor Beginn des Monsuns, erneuert werden. Wenn sich die Familien das nicht leisten konnten, tropfte der Regen durchs Dach. Besaßen Mütter Regenschirme, blieben sie nachts bei ihren Kindern sitzen und hielten die Schirme als Schutz vor dem heftigen Regen über sie. Wenn die Fischer keinen Fischfang nach Hause bringen konnten, was oft vorkam, hatten diese armen Dorfbewohner nichts zu essen.

Manche Ehemänner ertränkten ihre Sorgen in Alkohol, tranken und spielten am Strand Karten und wenn sie dann nach Hause kamen, verprügelten sie ihre Frauen. Manchmal zogen Betrunkene vorbei und stifteten Unruhe. Da Amma dies alles wusste, hatte sie immer den Wunsch, für diese Menschen einen Ausweg zu finden, besonders für die Frauen, und dass sie wenigstens ein kleines schützendes Haus mit zwei Räumen hätten.

Es kamen viele ältere Menschen bereits in Ammas Kindheit verzweifelt zu ihr. Sie spendete ihnen ganz natürlichen Trost und ließ sie an ihrer Schulter weinen oder auf ihren Schoß niedersinken. Wenn die Familien sich nicht mehr um sie kümmerten, brachte Amma die Vernachlässigten zu sich nach Hause, badete sie, gab ihnen zu essen und kleidete sie ordentlich.

Da Amma immer an die anderen dachte, vergaß sie sich selbst und wurde zu einem Fluss aus Liebe und Mitgefühl für die Notleidenden. Deren Leid verwandelte sich in Hoffnung, so dass Amma vielen Menschen eine helle, bessere Zukunft schenkte.

Amma empfand die tägliche Not der anderen - egal ob Mann oder Frau - als eigenen Schmerz. Wenn jemand in seinem Elend nach ihr rief, reagierte sie unmittelbar und verschenkte alles, was sie an Nahrungsmitteln oder Geld finden konnte und manchmal entwendete sie sogar etwas von ihrer Familie, um anderen beizustehen. Dies belastete ihre Familie enorm.

Ammas Schwester erinnert sich: „Unsere Mutter schimpfte Amma nicht aus, wenn sie Essen an die Armen weitergab - aber Amma verschenkte praktisch *alles*, was wir besaßen! Wenn sie nach einem Besuch bei Leuten nach Hause kam, trug sie alles aus unserem Haus, was diese brauchten. Sie gab ihnen Reis, Gemüse, Kleidung und andere Dinge. Wir mussten sogar um unsere Badeseife besorgt sein! Damals empfanden wir das als Diebstahl. Manchmal ging ich ins Badezimmer und warf die Seife weg, mit der Amma die alten Menschen abgeseift hatte, weil es mich ekelte, Seife zu benutzen, die sie berührt hatten. Wir erzählten unserer Mutter alles, was Amma gemacht hatte, und dann bekam sie sogar eine Tracht Prügel. Erst jetzt verstehen wir, dass ihre Barmherzigkeit aus bedingungsloser Liebe geboren wurde. Ich entschuldige mich oft bei Amma für all das, was wir ihr damals aus Unkenntnis ihres göttlichen Wesens angetan haben."

Zur Familie gehörten vier Töchter. Die damalige Gesellschaft unterwarf Frauen zahlreichen strengen Regeln: Frauen durften weder gesehen noch gehört werden. Sie durften nicht laut sprechen - selbst die Wände durften nichts von ihnen hören! Die Erde durfte ihre Schritte nicht spüren. Sie mussten sich Männern gegenüber ruhig und respektvoll verhalten und niemals ihre Meinung äußern.

Amma und ihre Schwestern wurden sehr streng erzogen. Ihre Mutter ermahnte sie, nicht laut zu sprechen oder schnell zu gehen bzw. zu rennen; sie durften auf der Stirn keinen großen, sondern nur einen kleinen Dot auftragen, um keine Aufmerksamkeit auf sich ziehen.

Amma in ihrem Mitgefühl ignorierte die unnachgiebigen Regeln der indischen Gesellschaft. Als sie heranwuchs, wurde ihr Verhalten in Bezug auf die dörflichen Regeln immer merkwürdiger. Sie befreite sich aus dem eisernen Käfig, in den Frauen damals gezwängt wurden. Als sie begann Darshan zu geben und Fremde zu umarmen, sogar Männer, waren ihre Familie und die Dorfbewohner entsetzt. In dieser Zeit wandten sich viele Menschen, denen Amma Jahre lang beigestanden hatte, von ihr ab. Ihrer Familie darf man es nicht zum Vorwurf machen, dass sie über Ammas Verhalten entsetzt war. Sie waren besorgt, ihre vier Töchter zu verheiraten und fürchteten, Ammas ungewöhnliches Verhalten werde dem Ansehen der Familie schaden.

Wie hätten sie alle denn wissen können, dass Ammas seltsames Verhalten einfach nur Ausdruck ihrer Größe war?

Damals reisten oft *sannyasis* (hinduistische Mönche) von Dorf zu Dorf, um die Menschen spirituell zu unterweisen. Amma sah solch einen Sannyasi aber erst mit ungefähr zwanzig Jahren in ihrer Gegend. Sie ertrug geduldig die Unwissenheit ihrer Familie und der Dorfbewohner, da sie ihre Lebensaufgabe kannte und wusste, was die Zukunft für sie bereit hielt.

Könnte man Bienen wirklich davon abhalten zu einer blühenden Blume zu fliegen, wenn diese ihren betörenden Duft ausströmt?

Kapitel 4

Der Guru führt uns zu Gott

Amma spricht nicht einfach nur über Spiritualität, sondern lebt sie tagtäglich als vollendetes Vorbild für uns. Ihr Handeln wirkt sich mächtiger aus als die Botschaften der (vedischen) Schriften: Sie ist die lebendige Essenz aller (heiligen) Schriften. Die heilige Geschichte ihres Lebens veranschaulicht alle Yoga-Pfade: *karma-* (selbstloses Handeln), *bhakti-* (Hingabe) und *jnana-* (Wissen) *yoga*.

Amma macht uns bewusst, dass das Göttliche unsere *Bestimmung* ist und möchte in uns die Sehnsucht nach ewiger Glückseligkeit erwecken. Im Handeln des Gurus wird Gott für uns greifbar. In Amma manifestiert sich die göttliche Liebe, die für uns zur *eigenen* Erfahrung wird.

Der gesamte Zyklus unserer physischen und spirituellen Entwicklung bewegt sich nach einem vollendeten Plan. Deshalb sollten wir lernen uns Gott unterzuordnen, um alle Not zu überwinden und dahin zu gelangen, endgültig mit dem Göttlichen vereint zu sein. Durch unsere negative Einstellung erschaffen wir uns eigentlich all unsere Probleme selbst. Der Meister führt uns aus Mitgefühl in eine bestimmte Situation, um diese Negativität zu vernichten, unser Ego zu entschleiern und langsam aufzulösen.

Das erinnert mich an den Besuch einer Spanierin im Ashram. Sie verstand kein Englisch, wollte sich etwas Süßes kaufen und ging ins Cafe. Dort werden die Gerichte auf Englisch angezeigt. Sie kaufte sich ein Stück Kuchen, aufgrund der Anmerkung: ,ohne Ego'. Sie war berührt von Ammas Mitgefühl, einen Kuchen ohne Ego anzubieten - aber die Ankündigung lautete eigentlich: ,ohne Ei'! (,eggs', engl.) Wir wissen nie, wie Amma in uns arbeitet...

Es gibt die rührende Geschichte eines Schülers, der jeden Abend die Vorlesungen seines spirituellen Meisters besuchte. Der Lehrer beachtete seinen Schüler während des ganzen ersten

Jahres überhaupt nicht, obwohl dieser immer zum *satsang* (spirituellen Gespräch) kam. Der Mann besuchte die Vorlesungen auch weiterhin, obwohl er enorm frustiert und schließlich wütend darüber war, täglich ignoriert zu werden. Er hielt seinen Ärger aber unter Kontrolle.

Im zweiten Jahr winkte ihm der Meister zu Beginn seines Vortrages zu, er solle sich vor ihn hinsetzen. Der Mann glaubte, er fände nun endlich etwas mehr Beachtung, doch der Meister überging ihn während des gesamten Vortrags weiterhin geflissentlich.

Im Laufe der Zeit verwandelte sich der Ärger des Schülers in immer tiefere Traurigkeit. Bei diesem Prozess schmolz das Ego des Schülers allmählich, bis sein Geist vollkommen ruhig wurde. Als die Traurigkeit des Schülers auf dem Tiefpunkt war, näherte sich ihm eines Tages der Guru, berührte sanft sein Gesicht und schaute ihm tief in die Augen. In diesem Moment wurde der Schüler dank der Gnade seines geduldigen und mitfühlenden Meisters erleuchtet.

Erst wenn unser Ego zu schmelzen beginnt und wir *nichts* mehr sind, beginnen wir *etwas* zu werden. Amma sagt, erst dann werden wir wirklich ein Teil von allem.

Amma verkörpert ihre Lehren durch all ihr Handeln. Wir können zigtausend spirituelle Bücher lesen oder Hunderten von Lehrern zuhören, die gerade „in" sind: Nur die Gnade eines Wesens, das die tiefsten Schichten der Seele durchschaut, vermag uns zum höchsten Ziel zu führen. Das kann wirklich niemand sonst.

Amma sagt, sie könne uns nicht alles eröffnen, denn wir haben auch durchs Leben zu lernen. Sie trägt uns immer und immer wieder eine Fülle spiritueller Wahrheiten vor und ist eine Quelle der Weisheit. Wir beobachten sie hingerissen und hören ihre Satsangs, aber die meisten von uns glauben alles schon zu wissen. Wir haben alle möglichen spirituellen Bücher über traditionelle oder moderne Formen von Spiritualität gelesen, doch wie viele von uns bemühen sich eigentlich die spirituellen Prinzipien umzusetzen?

Im zehnten Jahrhundert lebte in Persien der Großvesier Abdul Kassem Ismael. Er war derart mit seinem Wissen identifiziert, dass er es nicht ertrug, von seiner Bibliothek, die aus 117000

Bänden bestand, getrennt zu sein. Wenn er auf Reisen war, trug eine Karawane von 400 Kamelen all seine Bücher. Die Kamele waren abgerichtet, seine Bücher in alphabetischer Reihenfolge zu tragen. Dies ist eine wahre Geschichte.

Selbst wenn wir das gesamte Wissen der Welt beherrschten, könnten wir es wohl kaum im richtigen Moment abrufen. Deshalb bedürfen wir zu unserer Führung eines wahren Meisters wie Amma.

Vor einigen Jahren fand bei einer Indientour für alle Mitreisenden auf dem Weg zum nächsten Programm ein Picknick abseits der Straße statt. Amma saß auf dem Boden ihres Campers und fertigte ein Origami-Papierschiffchen an. Neben ihr saß ein Kind, das aufpassen sollte, weil sie ihm zeigen wollte wie man ein eigenes Schiffchen anfertigen kann.

„Schau genau hin", sagte sie, während sie jede Falte des Papiers knickte und dabei zählte: „Eins, zwei, drei, vier ...". Sie faltete das Papier zwölfmal, denn aus so vielen Falten bestand das kleine Papierschiffchen. Beim Zuschauen wurde mir bewusst, dass der spirituelle Meister genau das auch mit uns macht: Er zeigt uns, wie aus allem, was wir tun, nach und nach etwas Wunderschönes entstehen kann - möglicherweise sogar ein Schiff, das uns über den Ozean von *samsara* (Kreislauf von Leben und Tod) führen wird!

Amma wiederholte die einzelnen Schritte für den kleinen Jungen zweimal, aber eigentlich wollte er bloß mit dem Schiffchen spielen und interessierte sich nicht sonderlich dafür, wie man es anfertigen könnte. Wir verhalten uns oft genauso, wollen uns lieber vergnügen und spielen als uns Zeit zu nehmen, um geduldig die Lektionen des Lebens zu lernen. Glücklicherweise wartet Amma geduldig, bis wir bereit sind zu lernen.

Amma ist bekannt für ihre unglaubliche Liebe, doch ich denke, noch phänomenaler ist das Ausmaß ihrer Geduld. Amma demonstriert uns einfach mit jeder ihrer Handlungen all das, was die Schriften vermitteln wollen.

Nur eine gottverwirklichte Seele kennt die wichtigsten spirituellen Konzepte, die uns auf dem Pfad weiterhelfen können. Wir müssen in der Wahl eines spirituellen Meisters sehr sorgfältig sein und uns nur auf denjenigen einlassen, der in der höchsten Wahrheit verankert ist. Davon gibt es nur sehr wenige. Oft nehmen wir nur zögernd mit ihnen Kontakt auf und fürchten ihre Nähe, weil wir wissen, dass unsere hässlichen und selbstbezogenen Gedanken und vergangenen Taten vor ihnen offenliegen. Sie sind aber derart reinen Geistes und ihre Liebe ist so umfassend, dass sie in uns nur die Fehler eines unschuldigen Kindes sehen.

Manche Menschen sind so erfüllt von Liebe zu Amma, dass sie sie fragen, ob sie ihr weltliches Leben aufgeben und im Ashram in Indien leben sollen. Amma antwortet ihnen meistens, an einem Leben in der Familie sei nichts falsch, solange man sich des höchsten Ziels bewusst bleibe. Amma rät uns, wohin wir auch gehen, innerlich einen kleinen Raum für unser eigentliches Zuhause zu bewahren: für unsere wahre Heimat in Gott.

Kapitel 5

Auf der Spur wahrer Schönheit

Schönheit ist zu etwas geworden, das wir uns selbst gönnen und oft wie eine Maske äußerlich anlegen. Amma zeigt uns, dass wahre Schönheit von innen leuchtet.

Amma sagt: „*Selbstlosigkeit* lässt unsere Schönheit durch die Schale des Egos hindurch leuchten." Ammas Schönheit besteht nicht nur in dem, was sie uns mitteilt, sondern auch in den feinen Schwingungen unausgesprochener Gedanken und Gefühle, zu denen sie uns inspiriert. Je stärker wir Liebe und Fürsorge für andere zum Ausdruck bringen, desto reiner wird unser Herz und desto anmutiger unsere Ausstrahlung.

Amma ist wie eine Parfummanufaktur, in der die kostbarsten Düfte der Welt kreiert werden. Glücklicherweise erhielt ich in ihrer Manufaktur eine Beschäftigung, so dass etwas von diesem Duft an mir und sicher auch an den anderen hängenblieb.

Auf unseren Reisen berührt Ammas göttliche Energie die unterschiedlichsten Menschen tief: die Flugzeug-Crew, die Reinemachfrauen, das Sicherheitspersonal, viele Passagiere und Leute vom Flughafenpersonal, die oftmals nie Gelegenheit hatten, Ammas Darshan zu empfangen. Bei einem unserer Abflüge aus Indien hatte sich eine riesige Schar von Sicherheitspolizisten zusammengefunden, um Amma wie üblich zum Flugzeug zu geleiten. Obwohl diese Sicherheitsmaßnahme ganz unnötig ist, übernehmen die Polizisten diesen Dienst anscheinend ausgesprochen gerne und konkurrieren miteinander, nahe neben Amma zu gehen.

Wo immer wir gehen, scharen sie sich um Amma und versuchen sie vor der Menge zu schützen, selbst wenn niemand da ist! Obwohl ich auf unseren Reisen gewöhnlich neben Amma gehe, stehe ich wohl nicht auf ihrer Liste der wichtigen Leute, die begleitet werden sollen und werde oft übersehen. Manchmal muss ich mich durch die Polizistenmenge hindurchkämpfen, um mich Amma wieder anzuschließen. Sie wartet oft auf mich, aber manchmal kann ich einfach nicht mit ihr Schritt halten.

Einmal glückte es den Polizisten, Amma ganz rasch mitzunehmen und mich mit unserem Gepäck bei der Gepäckkontrolle zurückzulassen. Ich versuchte sie einzuholen, blieb aber um einige Minuten hinter ihnen zurück. Zu meinem Glück zog Amma eine Spur beseligter Menschen hinter sich her. Da mir auf meinem Weg Leute begegneten, die vor Freude übersprudelten, wusste ich genau, welche Richtung Amma eingeschlagen hatte.

Normalerweise gehe ich neben Amma, wenn wir uns rasch durch die Menge bewegen und kann sehen, wie aufgeregt die Menschen Amma begrüßen, wobei mir aber entgeht, wie nachhaltig sich diese Begegnung auf die Menschen auswirkt.

Als ich an diesem Tag nun ein Stück allein ging, blieb mir Zeit zu beobachten, welche Begeisterung Amma bei allen, die ihr begegneten, auslöste. In Ammas ‚Kielwasser' war eine Welle von Jubel zu spüren!

Amma inspiriert uns nicht nur mit ihrem Darshan, sondern einfach schon mit einem Blick, einem Lächeln oder einer Berührung. Wenn wir in Ammas Gegenwart sind, überträgt sich ihre reine Freude auf uns.

Beim Besuch eines *Brahmasthanam*-Tempels (Tempel mit vier Aspekten des einen Göttlichen, von Amma konzipiert) in Bangalore leitete Amma während eines Morgenprogramms die Devotees an, sich vorzustellen Buttermilch, Ghee und Rosenwasser auf die Füße ihrer verehrten Gottheit zu gießen. Während alle mit geschlossenen Augen in tiefer Kontemplation saßen, nahm Amma eine Rose, die neben ihr auf dem *Pitham* (erhöhter Sitz des Gurus) lag, in die Hand, um vorzuführen wie man eine Rose auf die Füße unserer verehrten Gottheit legt.

Nur eine junge Frau im Publikum hatte die Augen geöffnet. Anstatt ihre Augen zu schließen schaute sie entzückt auf Amma. Sie trug ein kleines schlafendes Kind, das sich an ihre Schulter schmiegte. Als Ammas verschmitzter Blick sie traf, erhellte sich ihr Gesicht vor Freude. Amma hatte solch ein zärtliches Lächeln, das im gesamten Publikum nur diese junge Frau bemerkte. Sie drückte ihr Kind vor Aufregung an sich und schloss für Sekunden glückselig ihre Augen, öffnete sie wieder und strahlte vor Wonne.

Ich bemerkte diesen Blickkontakt und war hingerissen zu sehen wie Amma einen Pfeil direkt in das Herz eines Menschen abschoss. Amma ermöglichte dieser Frau die Erfahrung tiefer Glückseligkeit im eigenen Selbst. Mich machte es glücklich, dass diese junge Mutter einen solch persönlichen und herzerwärmenden Moment mit Amma erleben durfte. Vermutlich hatte sie ein großes Opfer bringen müssen, um Amma wenigstens in einem Programm erleben zu können.

Es war wunderbar, die Freude der Frau wahrzunehmen und es machte mich genauso glücklich wie sie selbst! Es sollte uns gelingen, beim Glück anderer Menschen ebenfalls Freude zu empfinden. Auch ohne selbst zum Darshan zu gehen, können wir dieselbe Freude erleben, wenn wir einfach in Ammas Gegenwart verweilen und beobachten, was sie in all den Menschen um sie herum auslöst. Amma findet immer einen Weg, um die Herzen zu öffnen.

Amma nimmt in jeder Sekunde ihres Daseins die wahre Schönheit und Wirklichkeit von allem wahr. Sie erkennt in allem und jedem das Göttliche und gibt ihr Äußerstes, um diese Blickweise mit uns zu teilen. Amma möchte nur das Beste für uns und uns dorthin mitnehmen, wo sie zu Hause ist - möchte uns ermöglichen, dieselbe Wirklichkeit zu erfahren wie sie selbst. Amma ist wunderschön, denn jeder Blick von ihr ist voller Mitgefühl und in ihren Augen funkelt immer ein göttliches Licht.

Kapitel 6

Die verständnisvolle Mutter

Amma schaut jedem, der zu ihr kommt, tief ins Herz. Sie sieht, dass die Probleme des Egos durch das Leid der Menschen irgendwann in der Vergangenheit entstanden sind. Wenn wir einen Menschen vielleicht als langweilig oder frustrierend ablehnen, schenkt Amma ihm dagegen all ihre Liebe und alle Not löst sich auf. Das macht die Schönheit ihres Seins aus und all der Dinge, mit denen sie uns beschenkt. Sie versteht uns tiefer als wir uns selbst jemals begreifen könnten.

An meinem 50. Geburtstag waren wir unterwegs zu einem Programm, als Amma sich plötzlich mit der Frage an mich wandte: „Welches Datum haben wir heute?" Ich sagte, ich wisse es nicht. Als Amma daraufhin Swamiji fragte, fiel es auch ihm nicht ein. Als ich auf meine Frage hin das Datum vom Fahrer erfuhr, rutschte mir ein „Oh!" heraus.

Daraufhin fragte Amma mich, was los sei, und ich entgegnete: „Amma, mir war nicht bewusst, dass heute mein 50. Geburtstag ist." Als später einige Leute von meinem Geburtstag erfuhren, organisierten sie Kuchen und einen besonderen Geburtstagsdarshan für mich. Obwohl ich normalerweise meinen Geburtstag nicht begehe, war es diesmal wunderschön und überraschend. Eigentlich erwartet man von monastisch lebenden Menschen nicht, dass sie ihren Geburtstag feiern, weshalb ich Amma auch niemals bewusst daran erinnert hätte. Nun aber kennt zu meinem großen Schrecken wohl jeder das Datum meines Geburtstages!

Einige Jahre später planten einige Leute erneut für mich eine Geburtstagsfeier. Da ich so etwas ahnte, ermahnte ich sie mehrmals schon im Vorfeld, ich wolle *nicht,* dass an diesem Tag etwas Besonderes vorbereitet werde.

Da sich die Leute aber von der Geburtstags-Stimmung erfassen lassen, machte man sich daran einen Geburtstagskuchen zu backen und forderte mich auf zu Amma zum Darshan zu gehen. Ich wurde ärgerlich, als ich das hörte und weigerte mich auf die Bühne zu gehen. Es hatte sich an diesem Tag eine riesige Menschenschar zum Programm eingefunden und Amma hatte extrem viel zu tun. Diese Geburtstags-Quälgeister gingen aber auf die Bühne und baten Amma, mich zu sich zu rufen. Amma schaute sie erstaunt an, mit der Bemerkung: „Ich weiß nicht, ob sie so etwas mag, und sagt ihr, dass sie nicht kommen muss, wenn sie nicht möchte."

Als sie mir Ammas Botschaft überbrachten, war ich unendlich glücklich - im Bewusstsein, dass schließlich *ein* Wesen mich wirklich versteht. Amma wusste, was ich von Geburtstagsfeiern halte. Es war für mich das größte Geschenk zu wissen, dass Amma mich zutiefst versteht, selbst wenn niemand anderer das kann.

Amma ist die Mutter von uns allen, nimmt jeden an, nährt und umsorgt alle Wesen gleichermaßen. Sie hört auf jede Einzelheit und kennt das Wesen und die Gefühle eines jeden Menschen, ob sie bewusst oder tief verborgen im Unbewussten sind.

Wenn Amma gelegentlich im Satsang eine Geschichte zu erzählen beginnt, denken wir bisweilen: ‚Oh, diese Geschichte habe ich schon gehört.' Wenn wir aber offen und achtsam zuhören, können wir die Dinge jedesmal von einer anderen Ebene her begreifen. Manchmal braucht man Jahre bis man erkennt, dass Amma etwas in uns anspricht, das viel tiefer ist als wir uns je hätten vorstellen können; viel tiefer als die oberflächlichen Schichten, in denen wir uns üblicherweise befinden.

Amma versteht die Menschen besser als es die eigenen Eltern können. Eltern lieben ihre Kinder, was aber nicht heißt, dass sie sie wirklich verstehen. Ich kenne den unerfüllten Wunsch eines jungen Mannes, der ein kleines Paar Ohrringe trug. Er wünschte sich von seinen Eltern ein größeres Paar, weil diese Ohrringe gerade Mode waren.

Seine Eltern waren jedoch vollkommen dagegen und sagten: „Nein und nochmals nein!" Als er eines Tages zu Ammas Darshan kam, sagte sie bewundernd: „Oh, welch hübsche Ohrringe, aber meinst du nicht, ein etwas größeres Paar würde dir besser stehen?" Dieser Junge ging glücklich vondannen und erzählte seinen

Eltern: „Schaut, Amma versteht mich besser als ihr mich jemals verstehen werdet."

Amma war auf ihn und seine Wünsche eingestellt. Das ist immer der Fall, weil Amma eins ist mit unserer wahren Essenz. Da sie ihr Selbst erkennt, weiß sie auch, wer wir sind. Wir dagegen durchschauen unser eigentliches Wesen überhaupt nicht, und es sind uns lediglich die Gedanken und Gefühle vertraut, die unseren Geist ständig vernebeln und uns erzählen: ‚So bist du: du bist zu dick oder zu dünn; du bist zu dunkel oder zu blond, du hast nicht die richtige Haarfarbe ...' Amma weiß, wer wir eigentlich sind und versteht uns tiefer als wir uns selbst, und zwar bis hinein in unsere Zellstruktur. Zweifelt nie daran!

Auf Ammas Universtität in Indien gibt es 17.000 Studenten. Eines Tages beklagte sich im Wohnheim einer von ihnen bei einem anderen: „Es ist hier wirklich wie im Gefängnis, du kannst nichts machen, was dir Spaß macht." Bei seinem nächsten Darshan fragte Amma ihn: „Wie ist das Gefängnis?" Sie hatte von sich aus das Thema angeschnitten.

Es verblüffte ihn vollkommen, dass Amma seine Gedanken lesen konnte. Von da an sah für ihn alles völlig anders aus und fortan konnte er sich auf alle Vorschriften einstellen. Er erkannte, dass es wirklich ein Wesen gab, zu dem er immer gehen konnte und das ihn vollkommen verstand - mehr als seine Eltern und mehr noch als seine besten Freunde.

Amma nimmt jeden Anteil von uns, auch das, was in den tiefsten Schichten unserer dunkelsten Schatten verborgen ist, mit offenen Armen an. Sie versteht uns besser als wir selbst uns verstehen können, schaut uns an und akzeptiert uns völlig, hört all unsere Gedanken und Wünsche und ist in ihrer Wahrnehmung frei von Projektionen, da sie nicht an persönliche Gefühle gebunden ist. Da Amma unsere reinste Seelentiefe berührt, lässt sie unser Kostbarstes taghell aufleuchten.

Kapitel 7

Der Duft der Liebe

Amma liebt uns mehr als wir uns vorstellen können. Sie nimmt sich unserer an und macht uns dabei bewusst: „In jedem Menschen ruft eine Stimme nach zärtlich reiner Liebe, ohne erhört zu werden. Wir werden geboren, um das kostbare Gut reiner Liebe zu erfahren, doch das gibt es in dieser Welt nur sehr selten." Amma schenkt uns Hoffnung, indem sie auf unsere traurige innere Stimme antwortet und uns die Liebe schenkt, nach der wir uns so sehnen.

Ich erinnere mich an ein Telefongespräch, das Amma während einer Reise durch Indien mit einem krebskranken Devotee führte. Als Amma leise zu weinen begann, versuchte der Mann am anderen Ende der Leitung sie aufzuheitern, vergebens, denn Amma vergoss noch immer Tränen. Er sagte wiederholt: „Amma, es ist gut. Ich spüre deine Gnade. Es ist okay."

Nach dem Ende des Telefonats hatte Amma noch immer Tränen in den Augen. Ich saß neben ihr und dachte: ‚Warum ist Amma so traurig? Sie weiß doch, dass dieser Körper in Wirklichkeit nicht ewig ist.‘ Ich wandte mich an sie: „Amma, du begreifst doch die Wahrheit ...“

Da wollte ich nun Amma über Vedanta belehren. Amma schaute mich an und antwortete: „Ich weiß ... *aber ich spüre seinen Schmerz!*"

Das ließ mich eine Weile verstummen. Ich schämte mich so über mich selbst und sann über Ammas Größe nach: Sie hat nicht nur Gott verwirklicht, sondern ist darüber hinaus so voller Mitgefühl, dass sie jeden Menschen als Spiegel ihrer selbst betrachtet.

Nun vergoss ich meinerseits leise Tränen in der Dunkelheit des Autos.

Als ich Amma anschaute, kam sie mir vor wie ein Meteor grenzenlosen Mitgefühls, der auf unsere Ebene hier auf Erden zurückgekommen ist, um unsere Wünsche zu segnen und zu erfüllen. Amma möchte uns zu einem von Mitgefühl bestimmten Leben erziehen.

Eines Nachts wartete ein Devotee in Mangalore am Ende eines Brahmasthanam-Programms zwischen allen anderen auf Amma. Sie hatte überhaupt nicht geschlafen und kaum Zeit zum Waschen und zum Wechseln der Kleidung, bevor wir zum nächsten Programm aufbrechen würden. Es lag eine lange Fahrt nach Hyderabad vor uns.

Dieser Devotee war sehr traurig. Während des Drei-Tage-Programms hatte er in seinem *seva* (Dienst) rund um die Uhr gearbeitet und sich um die Unterkunft der zahlreichen Devotees gekümmert, die Amma begegnen wollten. Er selbst hatte nicht am Programm teilnehmen können, da die Polizei wegen des großen Andrangs die Türen des Ashrams geschlossen hatte. Als er darüber nachdachte, dass er Ammas Darshan versäumt hatte, weinte er bitterlich.

Als Devotees Amma erzählten, wie hart er gearbeitet und dabei ihren Darshan versäumt hatte, vergaß sie ihre eigene Erschöpfung und Schmerzen, eilte auf ihn zu, umarmte ihn und drückte ihn lange Zeit fest an sich.

Überwältigt von Ammas Liebe und Mitgefühl fiel er plötzlich in Ohnmacht. Als er wieder zu sich kam, saß Amma auf den Stufen, hielt ihn im Arm und rief jemandem zu, ihm etwas

Kokosnusswasser zu bringen. Als er aufstehen wollte, bestand Amma darauf, zuerst das Kokosnusswasser zu trinken. Er konnte sein Glück über Ammas Mitgefühl, die ihn so lange in ihren Armen hielt, gar nicht begreifen.

Da überlegte ich, warum Amma manchen Menschen in Indien nur eine Sekunde Darshan gibt. Vielleicht wäre mehr für sie einfach zu viel, wie es für diesen Mann offenbar war! Amma kann uns in nur einer Sekunde alles geben.

Krishna erlaubte Kuchela, ihm nur ganz wenig Puffreis zu opfern. Entsprechend kann sich in nur einer Sekunde von Ammas Darshan auch vor uns der Pfad der Hingabe auftun - ein Pfad mit all dem spirituellen Reichtum, den das Leben uns bieten kann.

Nach traditioneller Überlieferung heißt es, Radha habe Krishna nur einmal erblickt, und zwar am Fluss Yamuna. Seitdem war sie von Liebe erfüllt und blieb für immer im Herzen mit ihm verbunden. Selbst wenn wir nur einmal Darshan von Amma empfangen haben, wird sie uns nie vergessen und bis in alle Ewigkeit lieben.

Amma sagt: „Solange euer Herz nicht vor Mitgefühl mit anderen schmilzt, wisst ihr nicht, was das Wort ‚Liebe‘ wirklich bedeutet und es bleibt lediglich ein Wort im Lexikon." Wir müssen lernen, unser Herz so zu öffnen wie Amma. Für sie gibt es keine Grenzen. Sie verschmilzt mit jedem und nichts ist getrennt von ihr.

Wenn wir uns mit dem Leid eines anderen verbinden und an seinem Glück erfreuen können - uns über seinen Darshan so freuen können wie über unseren eigenen - wird unser Weg in den Himmel mit Rosenblättern bestreut werden. Da uns dies sehr schwerfällt, erinnert Amma uns fortwährend daran: „Wir sind immer Anfänger."

Amma ist ein Strom von Liebe. Sie gibt ihr Bestes, um täglich jedem Menschen so viel Liebe und Aufmerksamkeit wie möglich zu schenken. Sie ist das Göttliche mitten unter uns, das wie ein normales menschliches Wesen ganz nahe mit uns lebt, uns jedoch auf übernatürliche und unvergleichliche Weise liebt.

Kapitel 8

Die Liebe eines vollendeten Meisters

Die stärkste Kraft auf Erden ist die Liebe, die uns eine gottverwirklichte Seele schenkt. Ihre Liebe für uns ist so makellos, weil sie nichts für sich selbst beansprucht und ihr Leben aufopfert, um uns zu befreien. Nirgendwo sonst auf der ganzen Welt kann man etwas finden, das so wunderbar, bereichernd und verlässlich ist wie die Liebe eines vollendeten Meisters.

Man sagt, Buddha habe nach seiner Erleuchtung diesen glückseligen Zustand nie mehr verlassen wollen. Doch als er den Boden mit seiner Hand berührte, bat ihn die Erde im Namen aller lebenden Seelen inständig, er möge sie aus ihrem Elend hinausführen. Was blieb Buddha anderes übrig als dorthin zurückzukehren?

Das ist wahre Liebe - eine so wahrhaftige und unverfälschte Liebe, die den meisten von uns nicht einmal im Traum begegnet ist. Nur ganz wenigen ist dies im Wachbewusstsein vergönnt, denn wir sind kaum auf den Empfang einer solchen Liebe vorbereitet, geschweige denn fähig sie selbst zu geben.

Man sagt, es sei das größte Opfer für Mahatmas, auf diese Erde herunterzukommen und unter uns derart unbewussten Menschen zu leben. Sie sind aber zu diesem Opfer bereit.

Buddha hatte als junger Mann einige Feinde, die extrem eifersüchtig waren und ihn in Misskredit bringen wollten. Sie schickten die berühmteste Kurtisane ihrer Zeit zu ihm. Buddha liebte sie ganz väterlich, so wie er jeden Menschen liebte.

Die Kurtisane war wunderschön, doch keineswegs mehr unschuldig und versuchte sich Buddha anzubieten. Dieser erwiderte ihr Lächeln göttlich rein und wies ihr romantisches Angebot ab mit den Worten: „Ich werde dir Liebe schenken, wenn es niemanden mehr gibt, der dich liebt, dich lieben, wenn alle Liebe dich verlassen hat." Daraufhin ging sie wütend vondannen.

Vierzig Jahre später war Buddha seinem Tod nahe. Als er auf einer hölzernen Bahre zu seinem letzten Ruheplatz getragen wurde, sah er ganz in der Nähe eine in Lumpen gekleidete Gestalt an eine Wand gekauert. Es war eine bucklige, alte, leprakranke Frau, deren Gesicht von der Krankheit zerfressen war.

Buddha bat die ihn tragenden Diener anzuhalten, erhob sich langsam von der Bahre und ging zu der Frau. Er nahm sie ruhig und liebevoll in seine Arme und erinnerte sie daran, was er ihr gesagt hatte: dass er sie *immer* lieben werde.

Diese Liebe schenkt uns Amma - eine solch grenzenlose, allumfassende Liebe. Sie erinnert uns mit all ihrem Handeln ständig daran, dass sie immer für uns da sein wird, um uns zu lieben und zu beschützen.

Amma kommt mit dem Wunsch uns zu erheben auf unsere Ebene herab, als ob sie ein Wesen wäre wie wir selbst es sind. Dies ist ihr göttliches Spiel. Amma müsste sich nicht der Mühe unterziehen, um all dies hier für uns zu tun: unablässig jeden Tag zu erscheinen - egal wie sie sich fühlt - um sich für uns auf jede nur erdenkliche Art aufzuopfern. Gibt es in der Geschichte der großen Gurus jemanden, der auch nur annähernd so viel bewirkt hat wie Amma? Ich glaube nicht.

Amma ist in ihrer unermüdlichen mütterlichen Liebe stets bereit, alle Strapazen auf sich zunehmen, uns zu begleiten, zu versorgen und wunderbare Bhajans für uns zu singen. Ihre Lehren erschließen sich uns nach und nach nicht nur aus ihren Satsangvorträgen, sondern auch aus ihren Bhajans oder durch Beobachtung ihres Handelns.

Am Ende eines Darshan-Programms in Kalkutta entschied Amma, sie wolle bei der ‚Amala-Bharata‘-Kampagne für ein sauberes Indien mithelfen und draußen auf den Straßen Abfall auflesen.

Amma kommt aufgrund ihres dichten Zeitplans nur selten dazu, an einem ihrer zahlreichen Hilfsprogramme selbst teilzunehmen. Diesmal hörte das Programm bereits kurz nach 22 Uhr auf, was für Amma früh ist. Obwohl sie gerade elf Stunden Darshan gegeben hatte, nutzte sie ihre freie Nacht und suchte ganz enthusiastisch das Team auf, das sich draußen eingefunden hatte, um die Straßen von Kalkutta zu säubern. Das war ihre Art des Ausruhens und Entspannens nach einem langen Tag: Müll auf den Straßen einzusammeln.

Wir gingen mit Handschuhen und Mundschutz bewaffnet hinaus auf die schwach beleuchtete Straße. Die meisten waren ziemlich aufgeregt – mit einer Mischung aus Freude an selbstlosem Dienst und leiser Furcht: Was würde man wohl beim Wühlen im Straßendreck, der sich über Jahre in dicken Schichten angesammelt hatte, entdecken?

Als wir den vorgesehenen Ort erreichten und mit dem Säubern begannen, hockte Amma sich rasch hin, sammelte Unrat ein und füllte ihn in Säcke, die auf einen Lastwagen geladen wurden. Sie gab mir ein Zeichen, ich solle bei ihr bleiben. Meine großartigen Pläne, mich durch den Müll zu wühlen, waren zerstoben, als ich mir klar machte, dass ich wenigstens eine Hand sauber halten musste, um Ammas Sari vor Schlamm und Dreck zu schützen und ihr beim Aufstehen zu helfen.

Ich war vollkommen überrascht, dass immer, wenn ich Amma beim Aufstehen helfen wollte, sie bereits ohne jegliche Hilfe blitzartig aufgestanden war! Ich war total perplex. Sie stand so schnell auf wie ein Athlet.

Ich überlegte mir, dass ihre Beinmuskeln steif und taub sein müssten nach dem stundenlangen unbewegten Sitzen mit gekreuzten Beinen auf der Bühne, um Satsang zu halten, Bhajans zu singen und anschließend den ganzen Tag bis in die Nacht hinein Darshan zu geben. Doch so war es wohl nicht.

Ich versuchte mich besser zu konzentrieren, um schneller zu sein und ihr rechtzeitig beim Aufstehen zu helfen, doch so sehr ich mich auch bemühte, ich war einfach nicht schnell genug, um ihr überhaupt behilflich sein zu können.

Dies zeigte mir deutlich, welch unglaubliche Kraft und Energie wahre Liebe aus Hingabe und Achtsamkeit entfalten kann. Ammas hingebungsvolles Tun verdeutlicht auf so vielfältige Weise, dass auch wir zum Energiebündel werden können, wenn wir uns wirklich anstrengen. Wie Amma sagt: „Wahrer Liebe ist nichts zu anstregend." Diese Worte lebt Amma uns vor.

Sie zeigt uns auf anschauliche Weise wie ihre Liebe und ihr Mitgefühl sich in *allem,* was sie tut, ausdrücken - u.a. darin, dass sie mitunter ohne Pause länger als 25 Stunden Darshan gibt und jeden umarmt, der zu ihr kommt, ohne auf das Ansehen seiner Person zu achten und egal zu welcher Zeit und an welchem Ort. Sie verhält sich ganz vertraut mit den Menschen, hört ihren Geschichten zu, ihren Klagen, Sorgen und Problemen. Es spielt für sie keine Rolle, ob sie müde oder krank ist. Sie nimmt sich einfach immer Zeit für andere und stellt deren Bedürfnisse über ihre eigenen.

Alles, was ein vollendeter Meister tut, dient nur *unserem* Wohl. Er beansprucht nichts für sich selbst. Amma möchte ihr Leben auf jede nur erdenkliche Weise darbringen, um den Menschen etwas Glück und Gemütsfrieden zu schenken.

Kapitel 9

Steine in Gold verwandeln

Amma segnet unser Leben so vielfältig, begleitet und berät uns auf einmalige Weise. Obwohl sie uns immerzu mit Gnade überschüttet, verändern wir uns meist nur langsam. In ihrer unglaublichen Geduld wartet sie solange, bis wir uns selbst verwandeln. *Mahatmas* (Große Seelen) kommen in diese Welt, um unsere innere Entwicklung zu fördern und geben uns anhand ihrer Lebensweise das großartigste Vorbild, ohne unsere Entwicklung forcieren zu wollen.

Ein Mahatma haucht bei der Einweihung eines Tempels mit seinem *sankalpa* (göttlichen Entschluss) und seinem Atem Lebenskräfte in das Steinbild des Tempels. Wenn Amma eine *pratishta* (Einweihungszeremonie) zelebriert, lädt sie einen unbelebten Stein mit ihrer

Lebensenergie (*prana*) auf. Jeder spürt bei solchem Anlass die kraftvollen atmosphärischen Schwingungen, und man kann wahrnehmen wie intensiv Ammas Energie sich auswirkt.

Es macht traurig, wenn man darüber nachdenkt, dass ein träger unbelebter Stein wesentlich empfänglicher für Ammas Segen ist als wir Menschen. Sie schenkt uns mit ihrem Darshan dieselbe Energie, aber wie schleppend geht unsere Veränderung vonstatten!

Das Leben hat nicht so viel Geduld mit uns wie Amma und drängt uns zu rascherer Veränderung: Deshalb kommt Leiden in unser Leben und *zwingt* uns zum Wachsen. Da wir nicht immer den Schmerz vertreiben können, sollten wir versuchen, dem Leidvollen etwas Positives abzugewinnen. Amma hilft uns, unsere innere Kraft zu entdecken, um allem gewachsen zu sein. Sie vertreibt die Dunkelheit, indem sie das Licht der Liebe und Achtsamkeit über uns leuchten lässt.

Vor einigen Jahren erzählte mir eine Frau während eines Programms in New York das erstaunliche Erlebnis ihrer Tochter. Sie selbst war sehr mit Amma verbunden, ihre beiden

Töchter aber gar nicht. Sie fanden es eigentlich seltsam, dass ihre Mutter Amma so liebte und kamen nur widerwillig mit ins New Yorker Programm - eigentlich nur, um ihrer Mutter einen Gefallen zu tun.

Als die eine der beiden Töchter mitten in der Menge saß, wurde ihr leider die Geldbörse mit viel Geld gestohlen. Sie war sehr aufgeregt und meinte, der Übeltäter sei ein Obdachloser, der neben ihr gesessen hatte, konnte es allerdings nicht beweisen.

Da ihre Mutter wusste, dass man nichts machen konnte, riet sie ihr die Sache zu vergessen. Danach trennten sich für eine Weile ihre Wege. Als sich Mutter und Tochter nach einer halben Stunde wiederfanden, sprudelte die Tochter völlig aufgeregt los: „Mami, du kannst dir nicht vorstellen, was gerade passiert ist!" Sie erzählte ihr, dass der Obdachlose beim Treppenaufgang auf sie zugekommen sei, in der Hand die Geldbörse, um sie ihr zurückzugeben. Er entschuldigte sich, dass er sie ihr weggenommen hatte.

Er erzählte ihr, wie er dagesessen sei und Amma beobachtete, als sie sich plötzlich zu ihm umdrehte und ihm sagte, es sei falsch, was er getan habe. Er solle die Geldbörse zurückgeben, sich entschuldigen und so etwas nie wieder tun. Er gab zu, dass sich sein Leben durch diese Erfahrung vollkommen verändert habe. Die Tochter entwickelte ebenfalls eine völlig neue Betrachtungsweise von Amma.

Amma lehrt uns ein solides Fundament auf Werten und guten Eigenschaften zu gründen und wie sich dieses in unserem Leben praktisch auswirkt: nämlich nach einem Wertesystem zu leben, das unsere Ziele, Entscheidungen und Handlungsweisen bestimmt.

Es liegt ganz an uns selbst, an unserer Einstellung und unserem Tun und Lassen, welchen persönlichen Gewinn wir aus Ammas Gegenwart ziehen.

Ein Jahr war es im Londoner Alexandra-Palast, wo das Programm stattfand, unglaublich kalt. Eine junge Frau saß mit einem warmen Wollschal auf einem Stuhl und schüttelte sich dennoch vor Kälte. Neben ihr saß ein junges Mädchen, das weniger als sie anhatte und anscheinend noch mehr fror.

Die Frau dachte bei sich: ‚Ihr ist noch kälter als mir... Ich sollte ihr wirklich meinen Schal leihen‘, doch sie fror ja selbst. Schließlich siegte das Mitgefühl in ihr und sie legte ihren Schal dem Mädchen um die Schultern. Von diesem Moment an froren sie beide nicht mehr.

Beiden Frauen war es in der noch verbleibenden Nacht warm genug. Das Mädchen versuchte zwar aus Schuldgefühl alle zwanzig Minuten den Schal zurückzugeben, in der Meinung die junge Frau würde sicher frieren, aber diese verspürte die Kälte nicht mehr.

Wir besitzen eine innere Kraft, uns selbst und unsere Welt zu verändern. Sobald wir uns entscheiden Gutes zu tun, wächst in uns die Kraft zur Verwandlung, so dass uns sicherlich Gnade zuteil werden wird - auch wenn unser Verhalten noch nicht optimal ist.

Die Menschen suchen einen Mahatma auf, weil sie alle möglichen Wunder für sich selbst und die Welt erhoffen. Sie erwarten von ihm, dass er wie ein Superheld ein Zaubernetz auswirft und alles komplett verwandelt. Und doch - Mahatmas wie Amma *sind* wahre Superhelden! Sie leistet uns Beistand, indem sie uns auf den

Pfad der Wahrheit und des rechtschaffenen Handelns (*dharma*) lenkt. Auch wenn sie unsere Schritte nicht für uns gehen kann, ermutigt sie uns stets in die richtige Richtung zu gehen und gibt Hinweise, wenn wir den falschen Weg einschlagen. Amma bietet uns eine Landkarte an, die uns zum höchsten Ziel der Gottverwirklichung führt.

Amma möchte uns mit allem, was sie sagt und tut, zu aufrichtigem Handeln anspornen. Dieses aufrichtige Handeln erzeugt gutes *karma* (Kette von Auswirkungen), wodurch sich manches Leid verhindern lässt, das wir aufgrund manch törichter Entscheidungen in der Vergangenheit andernfalls ausbaden müssten. Ammas Gegenwart festigt in uns traditionelle Werte, die in der heutigen Welt nicht mehr selbstverständlich sind. Sie regt uns an Gutes zu tun, um unser volles Potential als menschliche Wesen zu entfalten.

Kapitel 10

Seva – Alchemie der Liebe

Wer Amma beim Darshan zuschaut, denkt vielleicht, sie brauche viele Leute als Helfer um sich herum, aber in Wirklichkeit bietet sie uns die Chance zu dienen, damit *wir selbst* etwas lernen können. Amma benötigt keineswegs Hilfe, sondern überlässt uns solche Dienste einfach aus Gnade, damit wir lernen achtsamer zu werden. Amma kann bestens alles selbst bewerkstelligen.

Gelegentlich wehrt Amma all unsere Dienste ab, einfach nur, um uns eine wichtige Lehre zu erteilen. Sie verbannt dann jeden aus ihrem Zimmer, verschließt die Tür und macht alles selbst, kocht sich ihr Essen, reinigt ihr Zimmer und wäscht einige Tage lang ihre Kleidung, und das in einem Bruchteil der Zeit, die wir dazu benötigen. Amma erinnert uns auf diese Weise daran, dass sie nicht etwas von uns benötigt, sondern dass wir es sind, die ganz unterschiedliche Lektionen zu lernen haben.

Amma erklärt uns oft: „Die wahre Schönheit des Lebens erschließt sich uns nicht durchs Empfangen, sondern durchs Geben. Wenn wir von der Welt einfach nur nehmen, entfernen wir uns am Ende von unserem eigenen wahren Selbst."

Ich las die Geschichte eines Mannes, dessen Frau acht Jahre zuvor verstorben war. Er ging durch eine lange Depressionsphase und war beinahe selbstmordgefährdet. Das einzig Positive, was ihm im Leben geblieben war, war seine Tätigkeit als Arzt in seiner kleinen Klinik.

Als er im Fernsehen so viele Naturkatastrophen sah, wurde ihm klar, dass er in einige vom Unglück heimgesuchte Gebiete reisen wollte, um seine Hilfe anzubieten. Der Umstand, dass seine Frau nicht mehr lebte und seine Kinder erwachsen waren, erlaubte ihm solche Dienste anzubieten. Er reiste in verarmte Gemeinden, wo es keine Gesundheitsversorgung für die Leute gab und half beim Aufbau von zwanzig Kliniken. Diese Kliniken versorgten monatlich bis zu siebenundzwanzigtausend Patienten. Der

Arzt sah wie seine Depression restlos verschwand und wie sein Leben durch diesen Aufgabenbereich mit neuem Sinn erfüllt wurde. Seine neuentdeckte Leidenschaft zu helfen führt ihn mittlerweile durch die ganze Welt und er bietet medizinische Versorgung überall dort an, wo sie am meisten gebraucht wird.

Viele von uns belastet das Elend der heutigen Welt, werden ärgerlich oder apathisch, weil sie nicht wissen, wie sie damit umgehen sollen. Dieser Arzt erkannte: Wenn man anderen hilft, bekommt man mehr Segen zurück als man gibt, nämlich ein erfülltes und zufriedenes Leben.

Wenn unsere Hirngespinste uns völlig vereinnahmen, sind wir kaum offen für den Segen, den das Leben ständig über uns ausschüttet. Wir neigen dazu, uns derart in unseren eigenen Problemen zu verlieren, dass wir nicht mehr die Sorgen anderer beachten. Überall in der Welt leiden Millionen von Menschen unter Depressionen oder Ängsten - aus Einsamkeit oder weil sie von ihren Familien oder Freunden abgeschnitten sind. Wir können der Qual unseres eigenen Leidens nur dadurch entrinnen, dass wir anderen aktiv und mitfühlend beistehen.

Eines Tages kam einer der freiwilligen Helfer auf der Tour zu Amma, um ihr mitzuteilen, dass er gerade durch eine sehr schwierige Zeit gehe und wegen seiner momentanen Saturnphase so depressiv sei, dass er keine Lust mehr zum Seva habe.

Amma lachte und erwiderte: „Saturn! Was redest du da? Du befindest dich in der Gegenwart eines Satgurus. Selbst in einer glühendheißen Wüste kann man im Schatten eines Baumes Kühle empfinden. Sohn, du solltest weiterhin versuchen, dein Seva zu machen, auch wenn es dir nicht gefällt!"

Wir sollten nicht die Welt und die anderen für unser Leiden verantwortlich machen. Es gelingt uns zwar nicht immer, uns angemessen zu verhalten, aber wenn wir eine Sache, von deren Richtigkeit wir überzeugt sind, ordentlich erledigen - selbst wenn wir sie gerade nicht gerne tun - wird uns Gnade zuteil. Wir können einfach nur versuchen unser Bestes zu geben.

Jemand schrieb einmal ein Morgengebet, das vielleicht auch auf uns zutrifft: „Lieber Gott, was den heutigen Tag betrifft, habe ich alles ordentlich erledigt. Ich habe meinen Mund gehalten, habe nicht geklatscht, nicht herumgeschrien oder meine Nerven verloren. Ich war nicht gierig, missmutig, ungezogen, selbstsüchtig und unnachsichtig. Darüber bin ich froh. Aber in wenigen Minuten brauche ich vermutlich deine Hilfe ... Denn ich bin gerade erst dabei aus dem Bett aufzustehen!"

Es ist gut, wenn wir stets bemüht sind, zur rechten Zeit das Richtige zu erledigen, auch wenn wir gerade nicht dazu motiviert sind. Darin liegt die beste Voraussetzung für wahren Erfolg auf allen Gebieten und gibt uns die Chance das höchste Ziel der Selbstverwirklichung zu erreichen.

Amma appelliert an unseren Mut und erinnert uns: „Ihr seid keine kleinen Lämmer. Ihr seid junge Löwen mit einem unendlichen Potential, das in euch schlummert." Kürzlich hörte ich wie Amma jemandem riet: „Man sollte wie ein Löwe sein. Wenn er durch den Wald läuft, legt er eine gewisse Strecke zurück, dreht sich dann um und schaut zurück." Zur Verdeutlichung drehte Amma während des Redens ihren Kopf zur Seite und sah wirklich wie eine fantastische Löwin aus, die kraftvoll zurückschaut, um zu sehen wie weit sie gekommen ist.

Sie fuhr fort: „Selbst die langsam kriechende Schildkröte hinterlässt immer eine Spur. Auch wir können im Leben manch positive Spuren in der Welt zurücklassen, wenn wir uns bemühen etwas Wertvolles zu hinterlassen."

Glücklicherweise bietet sich uns so oft die Gelegenheit freiwillig zu helfen. Das gehört wirklich zu den schönsten spirituellen Übungen. Unser Denken versucht uns ständig auszutricksen und uns herunterzuziehen, doch beim Seva können wir unsere Tatkraft positiv einsetzen und unsere negativen Denkgewohnheiten umerziehen. Wir sollten nicht über unsere Gefühle grübeln, da sie so unbeständig sind. Da uns so viele schlechte Gewohnheiten zur zweiten Natur geworden sind, ist es sinnvoller, uns um positive neue Eigenschaften zu bemühen.

Wir sollten uns zu selbstlosen Menschen entwickeln, damit unser Leben nicht so mittelmäßig verläuft. Auch ohne große und bedeutende Dinge tun zu müssen, lässt sich aus all unseren kleinen, freundlichen und selbstlosen Handlungen etwas wirklich Großes zusammenfügen.

Kapitel 11

Ein Fluss der Liebe

Wenn Amma irgendwo eine Notlage sieht, ist sie sofort bereit Beistand zu leisten. Damit zeigt sie, was es heißt, den Pfad der Rechtschaffenheit einzuschlagen: Genau das Richtige zum rechten Zeitpunkt zu tun und herauszufinden wie die eigenen Fähigkeiten hilfreich eingesetzt werden können, um der Welt mit Liebe und Achtsamkeit zu dienen. Dabei spielt es keine Rolle, was wir tun, sondern wie wir es tun, dh. aus welcher Haltung heraus.

In den Schweizer Bergen lebte eine Frau zwei Autobusstunden von Zürich entfernt. Ihr Mann hatte sich scheiden lassen und ihr die Erziehung ihres kleinen Kindes überlassen. Es war sehr schwer für sie, über die Runden zu kommen, da sie recht arm war und keine Sozialhilfe vom Staat erhielt. Als gläubige Katholikin betete sie immer zur Heiligen Maria. Sie hatte gehört, in

Indien würden Heilige leben, bezweifelte jedoch, jemals selbst einem Heiligen begegnen zu können. Als sie eines Tages an einem Restaurant vorbeiging, sah sie auf einem Plakat Ammas Besuch in Zürich angekündigt. Da sie sich sehr nach einer Begegnung mit Amma sehnte, sparte sie etwas Geld und fastete zwei Tage, während sie ihr Kind mit Nahrung versorgte.

Sie kam von den Bergen herunter zum Programm und wartete auf den Darshan. Da sie kein Englisch konnte, ganz zu schweigen von Ammas Sprache, schien es ihr aussichtslos, Amma von ihren Sorgen zu erzählen. In der Darshanschlange weinte sie leise in sich hinein.

Durch ihren Tränenschleier sah sie, wie eine Frau, die vor ihr Darshan empfing, Amma goldene Armreifen schenkte. Sie wünschte, sie hätte auch etwas Hübsches für Amma, die diese Armreifen noch trug als sie an die Reihe kam. Schluchzend und wortlos fiel sie in Ammas Schoß. Amma schaute sie voll Mitgefühl an, nahm die goldenen Armreifen vom Arm, überreichte sie der verzweifelten Frau und bot ihr einen Platz ganz in ihrer Nähe an.

Amma drehte sich zu ihr um und sagte: „Du sollst sie auf keinen Fall verkaufen, sondern nur verpfänden, um etwas Geld für dein Kind zu bekommen. Mach dir keine Sorgen, es wird in Zukunft alles besser werden."

Die Frau kehrte erschüttert und verwundert in die Berge zurück, verpfändete die Armbänder und fand dank Ammas Segen bald darauf eine Arbeit. Im folgenden Jahr konnte sie ihre verpfändeten Armreifen wieder auslösen, denn mittlerweile waren ihr Leben und ihre Finanzen geordnet.

Als Amma wieder nach Zürich kam, machte sich die Frau aus den Bergen erneut zum Programm auf. Sie gab beim Darshan die goldenen Armreifen freudestrahlend in Ammas Hände zurück. Amma ist für sie nicht nur eine Heilige, sondern ein wahrhaft göttliches Wesen.

Amma ist immer bereit zu dienen. Auch wir sollten immer sprungbereit sein, um liebevoll zu helfen so gut wir können.

Eines Nachts kam Amma in Amritapuri von der Bühne herunter, wo sie mehr als fünfzehn Stunden Darshan gegeben hatte und ging den Gang entlang zurück in ihr Zimmer. Als sie an der Essenshalle vorbeikam, sah sie durch eine Lücke zwischen den Devotees hindurch, die ihren Weg säumten, dass das Spülbecken im Essensbereich sehr schmutzig und mit Essensresten verstopft war. Es hätte gereinigt werden müssen, was aber niemand gemacht hatte. Amma hielt an, ging durch die Reihen der Devotees hindurch und begann mit dem Reinigen.

Obwohl Amma sicher erschöpft war, gab sie allen bereitwillig ein leuchtendes Beispiel, indem sie handelte. Amma nimmt sich keine Auszeit, sondern unterweist uns in allen Situationen durch ihre ständige Einsatzbereitschaft.

Als sie mit dem Reinigen des Spülbeckens begann, rannten rasch Leute herbei, um ihr zu helfen, aber Amma sagte zu jedem: „Steht hier nicht herum, um mir zuzuschauen. Geht und reinigt die *anderen* Spülbecken. Jeder möchte eine *padapuja* (Verehrung der Füße des Gurus) durchführen, dies hier jedoch ist *wirkliche* padapuja - wahre Verehrung des Gurus."

Auch wenn sich nicht jedem die Gelegenheit bietet, die Füße des Gurus zu waschen, bietet sich doch jedem in irgendeinem Programm von Amma oder in einem ihrer Ashrams die

Chance, dem Guru liebevoll durch Seva zu dienen. Jeder Dienst, den wir in Gedanken an Amma tun, kann ein so heiliger Akt werden wie die Waschung ihrer Lotusfüße.

Amma reagiert durch ihren täglichen Einsatz auf das Elend der Welt und gibt so viel wie möglich, egal wie sie sich fühlt. Sie geht stets enthusiastisch mit offenem Herzen voran und gibt ihr Maximum, ungeachtet aller Hindernisse, die ihr begegnen. Sie spornt alle in ihrem Umfeld an dasselbe zu tun.

Als der Ashram in Amritapuri 1983 als Wohltätigkeitsinstitution registriert wurde, sagte Amma: „Sperrt mich nicht wie einen Papageien ein. Macht keine Firma aus dieser Organisation. Sie soll den Menschen dienen, der leidenden Menschheit." Amma hat dieses Ideal völlig kompromisslos von Anfang an durch all die Jahre bis auf den heutigen Tag hochgehalten. Sie sieht einfach die Nöte der Menschen und handelt dementsprechend.

Ammas Organisation ‚Embracing the World' („Die Welt umarmen') hat über fünfzig Schulen in und außerhalb von Indien gegründet, einschließlich einer Universität mit fünf

Bereichen. Sie unterhält Waisenhäuser in Indien und in Übersee. Amma startete eine Initiative zur Bekämpfung der Selbstmordrate von Bauern, die in vielen Gegenden Indiens epidemisch zunimmt. Sie vergibt 59.000 Pensionen an Witwen und ältere Menschen und mehr als 41.000 Stipendien an mittellose Studenten. Sie unterhält Dutzende von Krankenhäusern und Kliniken mit kostenloser medizinischer Versorgung für die arme Bevölkerung.

,Embracing the World' tritt bei weltweiten Katastrophen oft zuerst auf den Plan. 2004 verwandelte Amma während des Tsunamis ihren Ashram in Indien in eine Zufluchtsstätte, in der Menschen, die ihr Zuhause verloren hatten, versorgt und verpflegt wurden. ,Embracing the World' war 2005 beim Wirbelsturm ,Katrina' zur Stelle; Amma stiftete eine Million Dollar in einen Hilfsfonds. Während des Erdbebens und Tsunamis 2011 in Japan schickte Amma ebenfalls Katastrophen-Einsatzteams, um Orte, in die niemand sonst sich hineinwagte, mit Lebensmitteln und Medikamenten zu versorgen.

Sie ließ mehr als 45.000 Häuser für Obdachlose bauen und es besteht der Plan, zusätzlich weitere hunderttausend Häuser zu bauen. Das bedeutet Unterkunft für beinahe eine Million Menschen, die zuvor obdachlos waren. Sie veranlasst Menschen Bäume zu pflanzen und verpflegt Millionen von Menschen überall auf der Welt ... und noch vieles mehr.

Amma erweckt in ihren Kindern so viel Selbstlosigkeit. Ihre Wohltätigkeitseinrichtungen werden von ehrenamtlichen Diensten Tausender von Menschen in der ganzen Welt getragen. In Indien drücken oft selbst die Ärmsten der Armen Amma beim Darshan eine Rupie in die Hand. Auch wenn sie nicht mehr opfern können, möchten sie etwas beitragen, weil sie wissen, dass Amma jede Rupie nutzt, um anderen zu helfen. Amma sagt, sie bieten ihre Gaben wie kleine Vögel an, doch aus allem zusammen wird daraus ein mächtiger Hilfsstrom.

Ammas Selbstlosigkeit ist wahrhaft göttlich. Sie umarmt einen Strom von Menschen, der oft Zehntausende umfasst und bleibt solange sitzen, bis sie die letzte Person umarmt hat. Sie denkt dann nicht an ihre eigenen Bedürfnisse.

Wir müssen keine übermenschlichen Taten vollbringen, denn das vermag nur Amma. Wenn wir aber bei jeder sich uns bietenden Gelegenheit versuchen zu helfen und uns nützlich zu machen, erschließt sich uns jenseits der eigenen Sorgen die Essenz reiner Liebe. In dieser Welt gibt es so viele Nehmende, doch Amma als allerhöchstes Vorbild lehrt uns wie wir zu Gebenden werden.

Kapitel 12

Die Regenbringerin

Auch wenn sich leicht behaupten lässt, man wolle Gutes tun, wissen wir doch alle, wie schwer sich dies in die Tat umsetzen lässt, kommt es doch nicht nur auf das Handeln selbst an, sondern auch auf die innere Einstellung. Sind wir positiv eingestellt, wird Amma uns sicher beistehen, unsere negativen Eigenschaften zu überwinden.

Amma zeigt uns, welch wunderschöner Platz diese Erde ist, wenn wir eine positive Lebenseinstellung haben. Sie selbst genießt die Herrlichkeit der Schöpfung und durchschaut all das Äußerliche, das unsere Egos erschaffen.

Amma besuchte in einem Frühjahr Kenia, um ihr neues Waisenhaus einzuweihen. Als wir den Flughafen verließen, kurbelte ich meine Fensterscheibe im Auto herunter, damit Amma den Menschen, die sie begrüßen wollten,

zuwinken konnte. Leider blieb die Scheibe ste-
cken und ließ sich nicht mehr hochkurbeln.

Ich hielt unsere Pässe in der Hand und wurde nervös bei der Vorstellung, dass wir durch
gefährliches Gebiet fahren würden und man
uns durch die offene Scheibe bestehlen oder
sonstwie belästigen könnte. Während ich noch
mit der Fensterkurbel kämpfte, schaute Amma
auf das heruntergelassene Fenster und meinte:
„Großes Problem!" Als sich der Fahrer wegen des
nicht funktionierenden Fensters entschuldigte,
versicherte ihm Amma unverzüglich, es sei alles
in Ordnung. Sie *liebe* Luftzug.

Ich musste lachen, weil Amma so rasch ihre
Meinung geändert hatte und sich so einfach den
Umständen anpassen konnte. Wir sollten uns
genau so verhalten und uns innerlich auf die
Situation einstellen, wenn sie nicht zu ändern ist.

Als Amma eines Abends in Indien zu den
Bhajans auf die Bühne ging, lief ein etwa drei-
jähriges Kind neben ihr her. Amma rief dem
kleinen Mädchen zu: "Kuruvi". Zuerst dachte
ich, das sei ihr Name. Als wir am nächsten Tag
wieder die Rampe hinauf zu den Bhajans gingen,

rief Amma erneut: "Kuruvi, Kuruvi," das galt aber diesmal zwei anderen Kindern.

Ich dachte: ‚Moment mal, es können doch nicht alle Kinder Kuruvi heißen' und fand heraus, dass *Kuruvi* ‚kleiner Spatz' bedeutet. Amma erblickt in allen Menschen solch kleine Vögel, die fröhlich um sie herumflattern.

Wir erschaffen mit unserer inneren Einstellung und unserem persönlichen Blick auf die Welt unsere eigene Realität. Amma, die in allem nur das Beste sieht und diese Sichtweise mit uns teilen möchte, sieht in uns allen ihre kleinen ‚Kuruvis', ihre kleinen Spatzen und füttert uns mit reiner Liebe und göttlicher Weisheit.

Die Leute sagen oft am Ende eines Programms, egal wo in der Welt es stattfindet: „Das war das beste Programm seit eh und je!" Das ist erstaunlich und man könnte einwenden: ‚Wie kann jedes einzelne Programm jeweils das beste seit eh und je sein?' Amma besitzt einfach diese unglaubliche Fähigkeit, dass aus allem das Beste wird.

Amma bringt bei ihrer jährlichen Ankunft in Neu Mexiko üblicherweise den so notwendigen Regen mit, weshalb man sie dort als

Regenbringerin verehrt. In kalte Gegenden bringt sie Sonnenschein. Ammas Gegenwart wirkt sich überall so segensreich aus.

Als wir uns kürzlich in San Ramon aufhielten, war ein Tag ungewöhnlich heiß und der Strom fiel für längere Zeit aus. Ich stellte mir vor, wie schwierig das für die Leute sein müsse. Selbst im Ashram in Indien kommt bei Stromausfall der Strom innerhalb von 10 Sekunden wieder, doch in San Ramon fiel er viele Stunden aus.

Das Programm ging aber weiter. Während der Bhajans gab es auf der Bühne nur ein einziges, von einem Generator versorgtes Licht. Die ganze übrige Halle lag im Dunklen und überall verbreitete sich Chaos.

Ammas Gestalt wurde sanft vom schwachen Licht auf der Bühne umrissen. Da bei vielen Leuten die Akkus ihrer Handies leer waren und sie nun nichts mehr darauf sehen konnten, blieb ihnen nichts anderes übrig als sich auf das hinreißende göttliche Licht zu konzentrieren, das von Amma ausging. Die Leute spürten wie die Dunkelheit ihren Geist so beruhigte, dass sie sich viel inniger auf die Bhajans einlassen konnten als sonst, was alle mit Dankbarkeit erfüllte. Und wieder hieß es: „Das war das beste Programm seit eh und je!"

Es steht nicht in unserer Macht, wie unser Leben verläuft. Wenn wir eine bejahende Haltung entwickeln, trägt dies dazu bei, dass das Licht der Gnade sich über uns ergießt und wir auch in schwierigen Momenten die Segnungen des Lebens erfahren - egal wo wir uns befinden.

Als wir in Australien waren, kam ein Mann mit dunkler Sonnenbrille ins Abendprogramm, was ich als merkwürdig empfand; dann hörte ich wie er sich mit jemandem unterhielt und erzählte, er sei fünfzehn Jahre lang blind gewesen, habe sich am Tag zuvor einer Augenoperation unterzogen und könne jetzt wieder sehen.

Er spürte, dass sein Augenlicht dank Ammas Gnade wiederhergestellt werden konnte und rief aus, *wie wunderschön die Welt sei.* Er ließ verlauten, wie sehr es ihn freue, von nun an in absolut allem Schönes zu erkennen.

Amma macht uns bewusst, dass alles von unserer Lebenseinstellung abhängt. Wie Amma sagt, ist Gott niemals parteiisch, doch wenn wir aus einer positiven Einstellung heraus handeln, wird sich in unserem Leben die Gnade Gottes offenbaren.

Auch wenn Amma uns von manchem Leid erlösen kann, wird unsere endgültige Befreiung erst dann möglich, wenn unser Geist vollkommen geläutert ist.

Das sollte uns bewusst sein: Was uns widerfährt, geschieht nicht, um uns zu bestrafen, sondern um uns aufzuwecken. Das Göttliche möchte uns in seiner unendlichen Weisheit und seinem Mitgefühl in die richtige Richtung lenken, damit wir uns eines Tages der höchsten Wahrheit vollkommen bewusst werden und nicht solange im Unbewussten verharren, bis uns das Leben die Leviten liest. Manche meinen, Gott sei grausam, weil er eine Welt des Leides geschaffen habe, andere hingegen nehmen ihr Schicksal an und versuchen so gut wie möglich, nur das Beste im Leben zu sehen.

Wir können dem Kreislauf des Karmas nur entrinnen, wenn wir lebensbejahend eingestellt sind und eine differenzierte Sicht der Dinge entwickeln. Lernen wir aus unseren Fehlern und Herausforderungen, dann erlaubt uns das Göttliche, sich mit der nächsten Lektion auseinanderzusetzen, ohne die vorherige weiterhin wiederholen zu müssen. Wir werden immer Neues zu lernen haben!

Amma sagt mit Nachdruck: „Wir müssen allem ins Auge schauen!" Wenn wir vor bestimmten Situationen ausweichen, werden sie wiederkehren. Wir müssen versuchen, uns jeder Situation lächelnd zu stellen und zwar auf liebevolle Weise, sonst wird daraus so etwas wie Unkraut: Wir schneiden oben etwas ab, doch die Wurzel wächst im Boden weiter und treibt neu aus. Wenn wir das, was auf uns zukommt, mutig annehmen, lassen sich die Wurzeln unserer tiefsitzenden Gewohnheiten und negativen Eigenschaften, die immer wieder auf der Bildfläche erscheinen, ausreißen. Wenn wir immer mit einer positiven Einstellung handeln, wird unser Leben ganz bestimmt gesegnet sein.

Kapitel 13

Vom Gras zur Milch

Amma sieht in allem das Gute, bleibt immer bescheiden und offenbart uns wahre Hingabe und Lebensbejahung. Sie sagt Folgendes: „Wir meinen, Gras sei nicht weiter bedeutsam, doch wenn die Kuh Gras frisst, wird daraus Milch, die uns ernährt, weshalb *alles* bedeutsam ist." Amma schaut alles mit demselben liebevollen Blick an.

Bei einem längeren Zwischenaufenthalt auf dem Flughafen Frankfurt a.M. führte ich Amma in eine Lounge, um auf unseren Weiterflug zu warten. Da fast alle Sitzplätze belegt waren, fand ich freie Plätze für uns nur noch neben ein paar biertrinkenden Männern.

Ich dachte: ‚Okay, sie sehen nicht allzu ungehobelt aus - nicht so wie australische Biertrinker'. Ich hoffte, sie würden nur rasch ein Bier trinken und dann verschwinden, womit ich allerdings das Durchhaltevermögen deutscher Biertrinker völlig unterschätzt hatte. Sie blieben die ganze Zeit.

Es war mir sehr unangenehm, dass ich Amma einen Sitz neben diesen Männern mit ihrer Säufersprache angeboten hatte, was Amma jedoch nicht zu stören schien. Sie saß ganz seelenruhig da. Amma fühlt sich überall in der Welt zu Hause. Sie schaute auf den Schnee vor dem Fenster, ohne sich von den Biertrinkern aus der Ruhe bringen zu lassen und äußerte, wie sehr sie der Schnee an den Schaum der Wellen in Amritapuri erinnere: Sie fügte hinzu, sie sei in ihrer Kindheit so gerne zu bestimmten Zeiten des Jahres ans Meer gegangen, und zwar wenn der Schaum der Wellen genau wie dieser Schnee ausgesehen habe. In ihrer glücklichen Betrachtung und Erinnerung ans Meer zeigte mir Amma, dass sie überall wo sie sich aufhält, alles nur positiv betrachtet und sich stets auf das Fundament ihrer Liebe besinnt.

Ein Ehepaar zog um in eine neue Gegend. Morgens bei ihrem ersten Frühstück sah die junge Frau, dass die Nachbarin draußen Wäsche aufhing.

„Diese Wäsche ist nicht sehr sauber", bemerkte sie. „Sie weiß wohl nicht, wie man ordentlich wäscht. Vielleicht braucht sie ein besseres Waschmittel." Ihr Mann schaute hin, ohne etwas zu sagen. Jedes Mal, wenn die Nachbarin draußen ihre Wäsche aufhing, gab die junge Frau ähnliche Kommentare ab.

Etwa einen Monat später sah die Frau zu ihrer Überraschung, dass die Wäsche sauber auf der Leine hing und rief ganz aufgeregt ihrem Mann zu: „Georg, *schau mal*! Jetzt hat sie doch gelernt, wie man Wäsche ordentlich wäscht. Das war aber auch Zeit! Ich möchte wissen, wer ihr das beigebracht hat." Der Ehemann erwiderte ganz ruhig: „Liebling, ich bin heute morgen früh aufgestanden und habe unsere Fenster geputzt." Wir machen oft andere für unsere Fehler verantwortlich, obwohl unsere Probleme aus unserer begrenzten Sichtweise entstehen.

Ich las einen Artikel aus Deutschland: Ein alter Mann war genervt, weil er ständig von irgendwoher dieselbe Melodie hörte. Aus Ärger über seine Nachbarn, die stundenlang bei Tag und Nacht diese Musik spielen ließen, rief er die Polizei, da er vermutete, die Nachbarn wollten ihn absichtlich quälen. Bei ihren Nachforschungen fand die Polizei den wahren Übeltäter: eine Melodie erzeugende Grußkarte, die auf dem Fensterbrett des Mannes lag und sich bei gelegentlichem Windzug immer wieder öffnete und zu tönen begann. Die Dinge sind nie so wie wir meinen.

Wir neigen dazu, unsere Schwierigkeiten äußeren Umständen zuzuschreiben, doch eigentlich wird unsere Realität von unserer inneren Einstellung bestimmt. Wir leben in einer selbstgeschaffenen Welt, aus der wir nur schwer herausfinden und wir alle erleben die Welt vollkommen unterschiedlich.

Wir brauchen deshalb als ganz besondere Hilfe die Unterstützung eines vollendeten Meisters. Seiner Gnade *bedürfen wir dringend,* damit wir aus dem Chaos unserer selbstgeschaffenen Wirklichkeit herausfinden, Gottes Schöpfung bejahen und sich ihr unterordnen können.

In Ammas Gegenwart ist es viel einfacher für uns, in allem, was uns umgibt, etwas Wertvolles zu sehen. Als wir wieder einmal nach monatelanger Abwesenheit freudig erregt in den Ashram zurückkehrten, rief Amma aus:

„Wir haben hier wirklich alles!" Jeder von uns begann aufzuzählen, was ihm im Ashram besonders gefiel. Amma sagte: „Jeder Tag ist wie ein Fest." Swamiji fügte hinzu: „Ja, es finden ständig Pujas statt." Der Fahrer ergänzte: „Ja, es gibt so wunderbare Kurse im Ashram." Ich fügte hinzu: „Es gibt Pizza und Eis." Amma ergänzte: „Unser Eis ist nicht voller Luft. Das Eis, das draußen angeboten wird, ist aufgeschäumt und man bekommt nur halb so viel Eis, weil es zur Hälfte aus Luft besteht" und erklärte begeistert: „Reine Eiscreme bekommt man nur an diesem Ort, da sie von Hand gemacht wird, und zwar mit Hingabe und Mantras." „Ja, und wir haben auch ein Schwimmbecken und Ammas Darshan," riefen wir aufgeregt.

Wir meinten nach Hause in den Himmel auf Erden zurückzukehren - und zu unserem Glück war das wirklich so.

Ammas Sichtweise inspiriert unseren eigenen Blick auf die Dinge. Ihre vollendete Achtsamkeit umgibt uns mit einem Strom von Liebe, der von ihr ausgeht, wo auch immer sie sich befindet. Wir erblicken von allem lediglich die äußere Fassade und sehen immer nur was wir sehen wollen und beurteilen alles aus unserem engen Blickwinkel. Bei solchem Starrsinn können wir uns kaum auf unsere wahre Essenz und die uns innewohnende Liebe besinnen. Amma vermag jedoch durch die äußere Schale hindurch in allem Wahrheit, Schönheit und Liebe zu erkennen. Wenn wir uns bemühen, gelingt es mit Ammas Gnade vielleicht auch uns eines Tages, alles mit so reinem Blick anzuschauen wie sie.

Kapitel 14

Sich vor der gesamten Schöpfung verneigen

Das Ziel eines jeden Menschen besteht darin, Frieden und Freude zu finden. Alles Handeln ist darauf ausgerichtet. Wenn wir uns Frieden in der Außenwelt wünschen, müssen wir ihn zunächst im eigenen Inneren finden.

Ammas Handeln wird davon bestimmt, unseren zweifelnden Geist, der uns so viel Unliebsames beschert, zu beruhigen und uns den so notwendigen Optimismus zu schenken, der uns für die Gnade öffnet. Amma weiß, wie wenig wir an uns selbst glauben und so schenkt sie uns ihre Führung und ihren Segen. Mit ihrer Hilfe lassen sich die Segel so setzen, dass wir allen Stürmen gewachsen sind.

Eine Frau wollte einmal im November als freiwillige Helferin mit auf die US-Tour kommen, um diese besondere Zeit mit Amma zu verbringen. Aber während ihrer Reisevorbereitungen erkrankte sie, so dass sie zu ihrer großen Enttäuschung den Flug stornieren musste. Sie betete unablässig und hoffte, Amma würde sie noch vor dem Flugtermin heilen, was aber nicht geschah.

In ihrem großen Vertrauen auf Amma versuchte sie trotz ihrer Enttäuschung guten Mutes zu bleiben, obwohl sie den Sinn des Geschehens nicht verstand. Dann erhielt sie in einer Email die Nachricht, dass einer ihrer Schüler ermordet worden war und die Beisetzung am folgenden Tag sei.

Auf dem Weg zum Begräbnis begegneten ihr viele ehemalige Schüler, die ohne ihre Eltern gekommen waren. Sie weinte mit ihnen, tröstete sie alle und spürte, wie Ammas besänftigender Trost in ihre Arme strömte, als sie die verzweifelten Teenager umarmte. Nun begriff sie, dass Ammas Gnade sie eindeutig zum Stornieren des Flugs veranlasst hatte, um bei ihren Schülern sein zu können, als diese sie brauchten.

Ihr Herz war bei Amma, während ihre Hände eifrig ihren Dienst taten - ganz so wie Amma das gewollt hatte. Amma regelt die Dinge auf solch geheimnisvolle Weise. Manchmal möchten wir genau nach unserer Vorstellung dienen, doch Gott hat vielleicht ganz andere Pläne mit uns.

Gott hat jedem Menschen auf der Welt einen bestimmten Platz zugedacht. In jedem Ereignis liegt ein tieferer Sinn. Es gehört zu unseren Herausforderungen, Gottes Plan dankbar zu akzeptieren. *„Dein Wille geschehe,"* ist so zu deuten: Wir sollen alles, was uns widerfährt, als Teil des göttlichen Meisterplans bejahen. Wenn uns das gelingt, können wir aus jeder Situation etwas lernen.

Das Leben - und vor allem das spirituelle Leben - verläuft eigentlich nie so wie wir denken. Sind wir vielen Schwierigkeiten ausgesetzt, erinnert Amma uns daran, dass auch der härteste und edelste Stahl im glühenden Hochofen erzeugt wird - doch wir alle wissen, wie schwer uns Gottergebenheit fällt.

Wenn ich in den öffentlichen Programmen hinter Amma sitze, bietet sich mir wiederholt beim Babysitting-Seva die Chance, mich völlig zu ergeben. Manchmal dachte ich, wir sollten für dieses Seva eigentlich eine Gebühr erheben, denn in Ammas Programm findet das beste Babysitting der Welt statt!

Wie ich schon oft ausgesprochen habe, ist dies der einzige Platz auf der Welt mit einem professionellen Programm, bei dem kleine Kinder über die Bühne krabbeln, lachen, reden, weinen oder miteinander streiten, während jemand bemüht ist eine Rede zu halten oder etwas Musikalisches vorzutragen. Wenn die Kinder zu ungezogen sind, muss ich sie bisweilen an den Ohren ziehen, um sie zur Ruhe zu bringen!

Als ich eines Abends bei diesen Kindern saß, begriff ich plötzlich etwas und ahnte, warum Amma mir diese Chance gibt: Wenn ich mich um die Kinder kümmere, tue nicht ich ihnen einen Gefallen, sondern eigentlich helfen sie mir, etwas in mir zu erwecken: Amma möchte die universelle Mütterlichkeit in mir und in uns allen erwecken, nicht nur in Frauen, die Kinder haben. Dies gehört zu Ammas Geschenken an mich, um zu erwachen.

Amma geht immer auf die individuelle Situation eines Menschen ein und reagiert auf all unsere Bedürfnisse wie ein Katalysator. Im Kontakt mit einem Mahatma, mit einer großen Seele, geschieht manches ganz spontan. Wenn wir uns Amma völlig überlassen, wird sie uns zur Vollkommenheit führen.

Alles, was uns widerfährt, geschieht nur zu unserem Segen. Wenn wir alles im Leben demütig als Geschenk annehmen, wird unsere Lebensreise wundervoll und wenn wir alles mit den unschuldigen Augen eines Kindes bejahen und als Wachstumsübungen begreifen, dürfen wir auf dieser Reise ganz außergewöhnliche Erfahrungen machen.

Auf einer Flugreise mit Amma reichte ich dem Steward beim Betreten des Flugzeuges meinen Boarding-Pass, als dieser mich scherzhaft fragte: „Nun sagen Sie mir doch, welches Ihre Lieblingsfarbe ist." Ich muss gestehen, dass mich diese törichte Frage nervte, aber der Mann wirkte so vergnügt, während er meinen Boarding-Pass in der Hand hielt.

Ich dachte eine Sekunde über meine Antwort nach, hatte auch schon eine sarkastische Antwort auf den Lippen, als ich lieber nachgab und ihn mit meiner Antwort beglückte: „orange!"

„Ja!!! das ist die richtige Antwort", erwiderte er und war so erfreut über meine korrekte Antwort, dass er mich gehen ließ. Eigentlich hatte ich gelogen... nur um ihn zufriedenzustellen und ihm die Antwort gegeben, die er hören wollte. *Glaubt ihr wirklich, Orange sei meine Lieblingsfarbe?*

Wenn wir nachgeben können, verleiht es uns und auch den anderen ein gutes Gefühl und das Göttliche kann in uns hineinströmen. Wenn wir uns verneigen, so sagt Amma, verneigen wir uns nicht nur vor den anderen, sondern vor der gesamten Schöpfung.

Lebensherausforderungen wollen uns nicht in Versuchung führen oder vernichten, sondern helfen unser verborgenes, wahres Potential zu entfalten. Wir lernen mehr aus unseren Schwierigkeiten, wenn wir sie als Prüfungen verstehen, die uns reifen lassen, geistig stärken und läutern.

Auch wenn wir noch so viele Lebensprobleme haben, sollten wir uns um Gleichmut bemühen. Dann können wir zur Lotusblume werden, die in Dreck und Schlamm erblüht. Wir erhalten in vielerlei Gestalt kostbare Lektionen: Wenn wir sie willig annehmen, offenbart sich uns eine in allen Lebenssituationen verborgene Schönheit.

Kapitel 15

Vollkommene Hingabe

Mahatmas *können* unser Schicksal verändern, wie Amma sagt, aber wenn sie das tun, lernen wir nicht das, was wir aus unseren Erfahrungen notwendigerweise lernen sollten. Mahatmas wie Amma sind vollkommen dem Willen Gottes ergeben: Sie erkennen, dass alles an seinem richtigen Platz ist und unser Schicksal so verläuft, wie es sein soll. Wenn wir aus einem bestimmten Grund Leid erfahren sollen, wird Amma nicht gegen den Willen Gottes handeln - denn letztendlich fördern all unsere Erfahrungen das innere Wachstum.

Würde Amma uns von etwas befreien, das uns zugedacht ist, würden wir möglicherweise immer wieder dieselben Fehler machen. Wir sollten versuchen, die Essenz der Lehren, die sich uns in schwierigen Situationen zeigt, zu verinnerlichen. Herausforderungen tauchen

nach dem Willen Gottes sozusagen „maßge-
schneidert" vor uns auf.

Ich las die erstaunliche Geschichte einer
Neurowissenschaftlerin, deren Leben sich nach
einem Schlaganfall total verändert hat. Aufgrund einer starken Gehirnblutung in der linken
Gehirnhälfte war sie eines Tages zusammenge-
brochen, konnte aber trotz ihres Leidens noch
wahrnehmen, was mit ihr geschah.

Da ihr Forschungsgebiet das Gehirn ist,
konnte sie sich geistig von ihrem Leiden dis-
tanzieren und beobachten, was mit ihr geschah.
Sie sah, welche Symptome ihr Körper durchlitt:
Schreckliche Kopfschmerzen und Gefühllosig-
keit im Arm. Dank ihres Trainings und ihrer
Achtsamkeit konnte sie gleichzeitig beobachten,
wie ihr Gehirn arbeitete.

Sie wechselte bewusstseinsmäßig von der
linken Gehirnhemisphäre in die rechte und
machte dabei eine außerkörperliche Erfahrung,
bei der sie ihr Normalbewusstsein vollkommen
verlor. Diese Erfahrung offenbarte ihr das Wunder des Universums, was nur bei Überwindung
der Grenzen unseres Körpers und Geistes erlebt
werden kann.

Wir neigen dazu Schranken zu errichten und zu denken: ‚Das bin ich und alles andere bin ich *nicht*.‘ Diese Frau vermochte für eine Weile ihre begrenzte Sichtweise zu transzendieren und eins mit allem zu werden. Sie erlebte ein großartiges Abenteuer, indem sie das Wesen und die Schönheit eines jeden Atoms im Kosmos erkannte. Als sie sich bewusstseinsmäßig wieder mit ihrem Körper verband, spürte sie die physischen Symptome des Schlaganfalls und vermochte gleichzeitig über diese Erfahrung hinauszugehen.

Der Schlaganfall erwies sich als ein überwältigendes und aufbauendes Erlebnis in ihrem Leben. Für einen Moment hatte sie ihr kleines ‚Selbst‘ hinter sich lassen können - dieses Selbst mit all seinen Problemen - um die hinreißende Schönheit des größeren ‚Selbst‘ zu erfahren. Sie erkannte zutiefst, was es bedeutet eins zu werden mit dem Universum. Sie kann es kaum glauben, dass ihr diese Erfahrung inmitten eines schweren Schlaganfalls zuteil wurde.

Ihr Leben verwandelte sich völlig. Sie begriff als Wissenschaftlerin und nicht als spirituelle Person, welche Möglichkeiten wir alle haben, wobei es unerheblich ist, ob man sich selbst als spirituell betrachtet oder nicht. Der Weg zum Verständnis des Lebens steht allen offen.

Wir sind seit vielen Leben daran gewöhnt nicht zu wissen, wer wir eigentlich sind. Die meisten Menschen leben in geistiger Blindheit und sind sich des wahren Potentials nicht bewusst, das sich dank unserer menschlichen Geburt entfalten lässt.

Amma erinnert uns daran, dass wir alle das Potential in uns tragen, den Gipfel menschlicher Existenz zu erklimmen, wenn wir die verschlossene Knospe unserer Herzen öffnen.

Es ist in Ordnung, Amma um Hilfe zu bitten oder etwas zu erbitten, was wir gerne hätten und dringend benötigen oder zu beten, wenn wir im Leben etwas als ungerecht empfinden. Wir dürfen freimütig um alles bitten - sollten aber letztendlich innerlich davon losgelöst sein. Solange wir an unseren mentalen Konzepten hängen, können wir das eigentliche Wesen der Welt nicht erfahren.

Amma hat so viel Mitgefühl mit den Nöten der Welt, dass sie sich in Gedanken, Worten und Taten stets bis zum Äußersten einsetzt, damit wir stark werden und alle Herausforderungen bewältigen. Sie wird uns allerdings nicht von *allen* Leiden befreien.

Zur Veranschaulichung dieser Tatsache nachfolgend eine Geschichte, die mir eine Schweizerin erzählte:

"Vor zehn Jahren hatte ich einen großen Tumor im Rücken. Als er weiterwuchs, fragte ich Amma, was ich tun solle und sie empfahl mir den Arzt zu fragen. Der Arzt erklärte mir, eine Operation sei notwendig, da der Tumor vermutlich bösartig sei.

Ich war nicht wirklich besorgt und bezweifelte eigentlich Krebs zu haben, da ich wusste, dass ich unter Ammas Schutz stand. Ich vertraute Amma und glaubte fest daran, dass alles nur zu meinem Besten geschähe.

Ich verschob die Operation auf die Zeit nach Ammas Besuch in Europa, um ihren Segen vor der Operation zu bekommen. Als Amma in der Schweiz war, erklärte ich ihr alles und sie behandelte mich äußerst liebevoll und zärtlich. Sie streichelte meinen Tumor und fragte meinen Mann, wie wir die Fürsorge unserer beiden Kinder organisieren würden. Sie ist die wunderbarste Mutter der Welt und die beste Freundin, die ich je hatte.

In München ging ich nur wenige Tage vor der Operation zum Darshan. Amma schaute mir tief in die Augen. Sie fragte nach meiner Telefonnummer und ob es okay wäre, mich nach der Prozedur anzurufen, um zu hören wie alles verlaufen sei. Ihr Mitgefühl und ihre Fürsorge überwältigten mich und mir liefen die Tränen übers Gesicht.

Nach der Operation rief der Arzt meinen Mann an, um ihm zu berichten, dass alles gut verlaufen sei, doch höchstwahrscheinlich sei der Tumor bösartig, da er die umliegenden Muskeln angegriffen habe.

Ich war schockiert als ich hörte, es sei möglicherweise doch Krebs. Ich haderte innerlich mit Amma und fragte mich: „Warum muss ich durch all das gehen?

Was wird mit meinen Kindern, wenn ich sterbe? Warum lässt du mich im Stich?"

Auf einmal spürte ich in meinem Krankenzimmer Ammas Gegenwart und wie sie sich an mein Bett setzte. Ich fühlte mich durchströmt von ihrer Liebe und ihrem Frieden. Schließlich fand ich mich damit ab, möglicherweise krebskrank zu sein und erinnerte mich daran, dass alles nur zu meinem Besten geschieht.

Nach einer Woche lagen die Laborwerte vor. Der Arzt kam etwas irritiert in mein Zimmer, mit der Bemerkung, das Ergebnis des Labortestes sei unglaublich: Der Tumor sei gutartig, aber er könne das nicht glauben. Er wolle einen weiteren Test machen lassen und mir dann das Resultat mitteilen. Ich lächelte einfach nur und fühlte Amma neben mir sitzen. Das Resultat des zweiten Tests lautete: kein Krebs. Ich durfte nach Hause zu meiner Familie.

Als ich Amma dafür dankte, dass sie mein Leben gerettet hatte, erwiderte sie bescheiden: ‚Der Tumor hat sich dank Gottes Gnade verändert.'"

Wir müssen stark sein, um allem was auf uns zukommt, die Stirn zu bieten und zu erkennen, dass Lebensherausforderungen stets verborgene Segnungen sind, die unser geistiges Wachstum fördern. Wenn wir uns das bewusst machen, wird unsere Reise leichter. Üblicherweise bekämpfen wir alles, was auf uns zukommt und meinen, die anderen seien schuld, täten uns Unrecht oder verhielten sich unfair!

Wenn wir alles abwehren, wird daraus ein ständiges Leiden. Gott schickt uns Leid nicht als Bestrafung, sondern als Aufforderung unser Herz zu öffnen, um tiefer zu begreifen, wer wir eigentlich sind. Wenn wir lernen alles zu akzeptieren, gelingt vielleicht auch uns eines Tages die vollkommene Hingabe, die uns so an Amma fasziniert. Sie bejaht den Fluss des Lebens mit all seinen Überraschungen. Diese Akzeptanz macht offen für den Strom der göttlichen Gnade.

Kapitel 16

Der Gnadenstrom

Wenn wir der Gnade am meisten bedürfen, wird sie uns zuteil werden. Sie versüßt unser Leben und hilft *alle* Schwierigkeiten durchzustehen. Mit Optimismus wird man offen für die Gnade.

Der kostbare Gnadenstrom eines lebenden Mahatmas vermag unser Leben grundlegend zu verwandeln. Ammas Gnade strömt ununterbrochen zu uns allen, wobei sie keineswegs manche Menschen mehr liebt als andere. Manche können jedoch ihr Herz so öffnen, dass sie die Gnade spüren, andere dagegen spannen einen Schirm auf, um sich vor diesem Strom zu schützen. Macht euch bewusst, dass für Amma das kosmische Gesetz von Zeit und Raum nicht gilt. Ihre Gnade kann uns überall erreichen, wo auch immer wir uns befinden.

Wenn unser Leben von Hingabe erfüllt ist, wird Gottes Gnade uns überall erreichen. Amma hat uns versprochen, dass unsere innigen Gebete sie erreichen. Wir können eine direkte Verbindung mit ihr herstellen und wenn wir unsere Gebete losschicken, wird das Telefon nie besetzt sein. In diesem kosmischen Kommunikationssystem werden auch keine Gebühren erhoben.

Hierzu eine Geschichte, die wunderschön zeigt, was Gnade bewirken kann: Ein junges Mädchen fragte Amma nach Abschluss ihrer Schulzeit, wie ihr Leben nun weitergehen solle. Amma riet ihr zum Medizinstudium und bot ihr an, an der medizinischen Fakultät von AIMS in Indien zu studieren. Das Mädchen war völlig überrascht, da sie keinen glänzenden Abschluss hatte und zudem eine schwerwiegende Behinderung: Aufgrund eines Augenleidens konnte sie nur mühsam lesen. Da sie wusste, wieviel Fleiß solch ein Medizinstudium erfordert, konnte sie sich nicht vorstellen so etwas zu bewältigen.

Da Amma darauf bestand, sie solle es versuchen, gab sie voll Vertrauen nach und schrieb sich an der medizinischen Fakultät von AIMS ein.

Den meisten von uns war bekannt, wie sehr das Mädchen daran zweifelte jemals Erfolg zu haben, da sie wusste, wie viele Jahre intensiven Studiums vor ihr lagen - aber sie kam von Jahr zu Jahr irgendwie weiter durchs Studium.

Beim Abschlussexamen ihrer Gruppe aus dreißig Studenten fiel ausgerechnet diejenige durch, die meistens die besten Noten bekommen hatte und von der jeder *meinte*, sie sei die Gruppenbeste. Stattdessen erreichte *dieses* Mädchen mit dem Augenleiden - entgegen ihren eigenen Erwartungen und den aller anderen - eine sehr hohe Punktzahl und stieg in die Spitze der fünf Besten ihrer Gruppe auf.

Mich faszinierte ihre Feststellung, dass die sechs besten Prüfungen in ihrer Gruppe von Amma-Devotees abgelegt worden waren. Diejenige, die am wenigsten am Unterricht teilgenommen hatte, da sie mit Amma gereist war, hatte die höchste Auszeichnung erhalten.

Mit diesem Beispiel behaupte ich nicht, als Anhängerin von Amma müsse man nicht fleißig studieren, aber man sollte sich zumindest der wundersamen und unergründlichen Kraft der Gnade bewusst sein, die sich entfalten kann, wenn wir uns öffnen und sie durchströmen lassen.

Von Beginn an ist eigenes Bemühen die notwendige Voraussetzung, sonst kann uns die Gnade Gottes nicht zuteil werden. Wenn wir unser Bestes geben, auf Amma eingestimmt sind und uns ihr ergeben, sollten wir einfach vertrauen, dass die Gnade uns führen wird.

Wie wesentlich unser Bemühen dazu beiträgt, dass wir Gnade erfahren, zeigt Amma an einem Beispiel: Bevor wir uns auf eine Autofahrt durch die Berge begeben, sollten wir prüfen, ob Motor und Bremsen ordentlich funktionieren und uns vergewissern, dass genügend Benzin und Öl im Tank sind und die Windschutzscheibe sauber ist. Wenn wir so gut wie möglich geprüft haben, ob alles in Ordnung ist, sollten wir alles Weitere der Gnade Gottes überlassen.

Der Sohn einer Frau in Kalifornien ist an einer speziellen mentalen Schwäche erkrankt, derzufolge er sich als Teenager noch auf der geistigen Entwicklungsstufe eines Kindes befand. Seine Mutter versuchte täglich über Jahre hinweg, ihm das Lesen beizubringen. Als er fünfzehn wurde, glaubte sie schließlich, er werde es nie lernen können.

Als sie mit ihrem Latein am Ende war, ging sie zu Amma und bat sie um Hilfe. Amma veranlasste sie, ihr ein Stück Sandelholz zu bringen, um es zu segnen. Die Mutter konnte sich Sandelholz beschaffen und kam mit ihrem Sohn zum Darshan. Der Sohn nahm es aus der Hand seiner Mutter, überreichte es Amma und schaute ihr dabei tief in die Augen. Seine Mutter staunte über das Verhalten ihres Sohnes, da er normalerweise niemanden direkt anschaute. Amma erwiderte seinen Blick, segnete das Sandelholz und reichte es ihm zurück.

Er trug jeden Tag Sandelholzpaste auf seiner Stirn auf und erstaunlicherweise begann er lesen zu lernen. Seine Mutter erzählte mir zwei Jahre später, dass er mittlerweile 500-Seiten dicke Bücher liest, die er sich in der Bibliothek ausleiht. Außerdem liest er täglich die Zeitung, vertieft sich so in einzelne Artikel, dass er anschließend an Gouverneure schreibt, sie sollten Leute aus der Todeszelle befreien. Er setzt sich mit jedem Brief für Frieden und Gerechtigkeit ein. Seine Mutter sagt, ihr Sohn wisse inzwischen mehr über Politik als sie selbst.

Auch wenn die Entwicklung dieses Kindes immer etwas schwierig bleiben wird, begreift er mit seinem goldenen Herzen dank Ammas Segen, welchen Pfad er einzuschlagen hat, um rechtschaffen zu leben.

Wir sind so gesegnet, dass uns das Licht einer großen Seele wie Amma führt und unseren Pfad hoffnungsvoll erhellt; dass sie uns in diesen schwierigen Zeiten einen sicheren Weg durch eine so gestörte Welt weist. Versuchen wir immer die Hoffnung aufrecht zu erhalten, selbst wenn wir meinen, die ganze Welt habe sich gegen uns verbündet. Setzen wir alles daran, um diese herrliche Gnade zu verdienen! Das verlangt von uns aufrechtes Bemühen und eine rechtschaffene innere Einstellung.

Kapitel 17

Unsere Schritte werden geführt

Amma beweist uns auf immer neue Weise, dass sie stets bei uns ist. Ihre Fürsorge und ihr Schutz reichen unendlich weit. Mit ihrer nie endenden göttlichen Liebe kümmert sie sich um uns, egal wo in der Welt wir uns befinden.

In Australien kam eine Frau auf mich zu und erzählte mir eine schier unglaubliche Geschichte. Sie wollte ihrer Tochter vor deren Reise nach Südamerika einen Talismann als Schutz kaufen und entschied sich für ein Fußkettchen aus Rudrakshaperlen, das Amma getragen hatte.

Unglücklicherweise wurde ihre Tochter während eines Aufenthaltes in einem sehr kleinen Dorf schwerkrank. Sie verstand die einheimische Sprache nicht und kannte niemanden, der ihr beistehen konnte. Eine der eingeborenen

Frauen aber hatte bemerkt, dass sie krank war und kam auf sie zu. Sie sah das Fußkettchen am Bein des Mädchens, deutete darauf und fragte: „Amma?" Obwohl beide die Sprache der anderen nicht verstanden, fand sich das Wort, das ein universales Band zwischen ihnen knüpfte.

Die Frau nahm das Mädchen mit zu sich nach Hause. Sie entdeckte an der Wand des kleinen Hauses voller Staunen und Dankbarkeit ein Foto von Amma. Diese Frau war Amma in Chile bei einem ihrer dortigen Programme begegnet und hatte ihren Darshan empfangen. An markanter Stelle ihres Hauseingangs hing ein Foto von Ammas Füßen.

Sie pflegte das junge Mädchen wieder gesund. Später rief das Mädchen ihre Mutter an und erzählte ihr die Geschichte. Sie spürte, dass Amma ihr Leben wirklich gerettet und sie liebevoll in einer Zeit tiefer Not beschützt hatte.

Wir leben in der Gegenwart des großartigsten erleuchteten Meisters, der je auf Erden gelebt hat und von unvergleichlichem Mitgefühl ist. Amma bietet uns mitten in der Wüste des Lebens ihren Schutz und die kühlende Brise ihrer Gnade an. Sie beschützt uns auch dann, wenn die Zeiten schwierig sind. Selbst wenn es vielleicht unser Schicksal ist eine Weile zu leiden, bietet Amma jedem ihren wohltuenden Schatten an und verspricht, dass er immer verfügbar ist.

Eine Frau schrieb ihre Erfahrung mit Amma auf:

"Es war im späten Frühjahr 2007, als ich mich darauf vorbereitete, Amma in Puyallup bei Seattle beim Darshan wieder zu begegnen. Ich war an diesem Tag sehr aufgeregt, weil mein bester Freund am Telefon den Wunsch geäußert hatte zum Programm mitzukommen. Dieser Freund war vorher nie an einer Begegnung mit Amma interessiert gewesen. Jahrelang hatte ich ihn gebeten mitzukommen, manchmal sogar flehentlich, aber er hatte stets eine Begegnung mit ihr abgelehnt. Im Vorjahr hatte ich Amma ein Foto von ihm mitgebracht, damit er auch ganz bestimmt Ammas Segen empfangen würde, ihm davon aber nie etwas erzählt. Die unmittelbare Folge davon war eine Verwandlung seiner Einstellung, derzufolge er Amma nun begegnen wollte. Das war das erste kleine Wunder.

Es machte mich auf jeden Fall sehr glücklich, ihn zum ersten Mal mitnehmen zu können. Erfüllt von Freude und Dankbarkeit fuhr ich über die Autobahn, um ihn abzuholen, Wellen von Glückseligkeit durchströmten mich und Tränen rannen mir übers Gesicht. Ich musste mich sehr auf den Verkehr konzentrieren.

Ich erreichte sein Haus und dann fuhren wir in Richtung Puyallup. Ich fuhr auf der Überholspur, um so rasch wie möglich beim Programm anzukommen. Völlig unvermittelt fuhr mein Auto nicht mehr und ich sah wie der Tacho abfiel. Das Steuerrad und die Bremsen reagierten nicht mehr und der Motor war aus. Obwohl an diesem Tag viel Verkehr auf der Straße war, überquerte das Auto irgendwie alle vier Spuren sicher und kam am Straßenrand zum Stehen. Es ist für mich unerklärlich, wie es möglich war, dass ein Auto, das eigentlich ohne funktionierenden Motor hätte stehenbleiben müssen, den ganzen Verkehr durchqueren konnte. Ammas Gnade bewirkte dieses Wunder. Sie rettete an diesem Tag unser Leben.

Als wir uns wieder etwas gefangen hatten und nicht mehr völlig verdutzt umschauten, versuchte ich den Anlasser zu starten und hörte ein fürchterliches Geräusch im Motor. Wir stiegen aus dem Auto, öffneten die Motorhaube und sahen, dass der Motor Feuer gefangen hatte. Das Feuer war von selbst wieder erloschen, aber der Motor rauchte noch und die Haube war stark angebrannt.

Was tun? Wir waren auf der Autobahn mit einem Fahrzeug gestrandet, dessen Motor an diesem Tag nicht mehr laufen würde. Wir riefen den Pannendienst an und ich ließ mein Auto zum Haus meines Freundes abschleppen. Er meinte, dies sei vielleicht ein Zeichen, dass wir nicht zu Amma gehen sollten, aber davon wollte ich nichts hören. Ich erklärte ihm, er solle uns einfach fahren, denn wir müssten unbedingt zur Veranstaltung.

Obwohl wir spät in der Darshanhalle ankamen, wurden wir mit Tokens versorgt. Zu meiner Überraschung und Freude hatten die Tokens eine niedrige Nummer, was bedeutete, dass wir relativ bald Amma begegnen würden.

Als ich in Ammas Armen lag, begann eine Gruppe zu singen. Einer der Sänger sang mit solcher Hingabe ein Solo, dass Amma sich wie entrückt das ganze Lied anhörte. Währenddessen hielt sie mich in ihren Armen, schaukelte mich und lachte. Alle Sorgen und Bedrängnisse waren von meinen Schultern genommen. Als sie mich so hielt und tröstete, wurde mir klar, dass sie genau wusste, was uns passiert war. Dies war der längste Darshan, den ich je empfangen habe.

Mein Freund bekam seinen Darshan nach mir und war tief berührt von seiner Erfahrung mit Amma.

Ich spüre zutiefst, dass Amma an diesem Nachmittag unser Leben gerettet hatte. Ohne Frage war es Ammas Gnade, die an diesem Abend unser Auto aus der Gefahr heraus in Sicherheit gebracht hatte. Während ich diese Zeilen niederschreibe, füllen sich meine Augen mit Tränen. Amma hat sich über die Jahre hin unablässig um mich gekümmert, mich geführt und treu begleitet. Ich möchte immer auf ihrem Schoß liegen. Sie ist mein Atem und ihr gehört die Liebe und Hingabe meiner Seele."

Es erfordert Vertrauen und nur wenig Anstrengung, um zu spüren wie Ammas sanfte Hand jeden unserer Schritte lenkt. Wir sollten den Glauben entwickeln, dass uns tatsächlich durch alle Geschehnisse eine höhere göttliche Macht sicher leitet, denn diese Macht ist in der Tat Amma.

Kapitel 18

Unschuldigen Glauben entwickeln

Wenn wir Ammas Handeln beobachten, steht es uns nicht an, dies zu beurteilen. Wir sollten ihr Handeln einfach bejahen - aus dem Wissen heraus, dass es immer vollkommen ist. All ihr Tun dient nur *unserem* Vorteil. Wir erfassen geistig nur drei Dimensionen, Ammas Bewusstsein jedoch ist an einem völlig anderen Ort - wer weiß, wieviele Dimensionen es dort gibt?

Als Amma einmal von Atomwissenschaftlern gefragt wurde: „Können Sie uns etwas über die Schöpfung sagen?" erwiderte sie: „Die Schöpfung findet in einer höheren Dimension statt. Da euer Geist nur in drei Dimensionen zu Hause ist, kann er nicht begreifen, was darüber liegt." Wir brauchen nicht zu verstehen,

sondern einfach nur Glauben und Vertrauen zu entwickeln.

Wenn wir uns ganz bewusst bemühen, jemandem wie Amma unser volles Vertrauen zu schenken, wird unser Herz gereinigt und unser Leben auf unermessliche Weise gesegnet. Wir sollten den unerschütterlichen Glauben entwickeln, dass Amma all unsere Gebete hört. Wie oft überlassen wir uns vertrauensselig törichten Menschen, die uns Dummheiten erzählen. Machen wir uns bewusst, dass Amma unsere Gebete, Sehnsüchte und Wünsche hört. Wir können uns durch ein Band der Liebe vollkommen mit ihr verbinden, denn reine Liebe kennt keine Entfernung.

Eine Dame erzählte mir, sie habe immer daran gezweifelt, dass Amma sie wirklich mochte oder beachtete. Da stets so viele Menschen um Amma waren, fragte sich diese Frau, ob Amma sie wirklich vermissen würde, wenn sie nicht anwesend wäre und beschloss Amma zu testen. Sie fragte sich innerlich: ‚Wenn Amma mich wirklich dort haben will, bewirkt sie, dass ich bei der Veranstaltung bleibe.'

Als kein Zeichen kam zu bleiben, entschied sie: ‚Okay ... lass mich zum Auto gehen; ich gehe. Amma gab mir kein Zeichen.'

Sie ging nach draußen zum Auto und versuchte zu starten, was zu ihrem Verdruss aber nicht gelang. Warum startete das Auto denn nicht? Sie hing also fest und hatte längst vergessen, dass sie Amma um ein Zeichen gebeten hatte. Schließlich fand sie sich mit der Tatsache ab, dass sie beim Abendprogramm bleiben musste.

Am Ende des Programms in der Nacht dachte sie: ‚Es ist Zeit, dass ich heimfahre, mal sehen, ob das Auto startet.' Sie ging wieder zum Auto, ließ den Anlasser an und das Auto startete sofort, so dass sie ohne Schwierigkeiten nach Hause fahren konnte. Erst einige Zeit später wurde ihr bewusst, dass Ammas Antwort auf ihren Test völlig anders war als sie sich *jemals* hätte vorstellen können.

Wir wünschen uns mit unserem kleinen Verstand das Universum herbei - aber so funktioniert das nicht.

Wenn sich jemand so bewährt hat wie Amma, wird es Zeit allen Zweifel abzulegen. Nur sie weiß wirklich, was richtig und was wahrhaftig ist und an was es uns fehlt. Wir sollten uns vor ihr verneigen und ihr unser Ego übergeben, anstatt aus unserem begrenzten Blickwinkel heraus uns ein Urteil zu erlauben.

Amma erklärt mit einer köstlichen Anekdote, welche Art Glauben wir kultivieren sollen, um in uns die Stimme unserer Meisterin deutlich zu vernehmen.

In einem Dorf hatte lange Zeit Trockenheit geherrscht und es fiel absolut kein Regen. Die Dorfbewohner beschlossen, ein bestimmtes Ritual zu veranstalten, um Regen herbeizurufen. Am Abend des Rituals versammelten sich Tausende, um daran teilzunehmen. Mitten unter den Tausenden, die warteten, stand ein kleines Mädchen mit einem Regenschirm. Die Leute fragten sie: „Warum hast du denn an solch einem sonnigen Tag einen Regenschirm mitgebracht?"

Das Mädchen antwortete: „Nach dem Ritual wird es doch regnen, oder etwa nicht? Ich habe ihn mitgebracht, damit ich nicht nass werde." Obwohl die Sonne noch intensiv schien, glaubte sie fest daran, dass es regnen werde. Das Kind hatte einen Regenschirm bei sich, weil sie an der Wirkung des Rituals nicht zweifelte. Nur dieses

Kind besaß diese vollkommen unschuldige Art des Glaubens, den ein Gottsucher entwickeln sollte.

Durch Glauben erwecken wir innere Stärke und unser Potential. Der Glaube lässt unser Selbstvertrauen reifen - das Vertrauen in unser wahres Selbst. Mit diesem Selbstvertrauen kommen wir der in uns wohnenden Göttlichkeit immer näher. Amma sagt, dass wir *alle* Gott in uns tragen, uns aber dieser Gegenwart nicht bewusst sind. Durch Glaube und Hingabe werden wir uns dieser Gegenwart jedoch stärker bewusst. Sobald wir unsere Reise zu dieser Quelle starten, vermögen wir die göttliche Gegenwart in uns selbst viel sensibler wahrzunehmen.

Wir wurden geboren, um zu lernen wie wir unseren Geist meistern können, damit wir so wie Amma die Schönheit des Göttlichen überall wahrnehmen. Diese Welt ist eine Manifestation Gottes. Es ist gut zu lernen, in den Wellen des Seins zu schwimmen, auch wenn wir bisweilen fürchten in diesen Wellen zu ertrinken. Lasst uns im Regen tanzen, so wie Amma es liebt. Wenn uns das gelingt, haben wir vielleicht schon den Gipfel der Spiritualität erreicht.

Amma lauscht unseren Gebeten, hört unsere Probleme an und schenkt uns so viel. Sie empfängt jeden in endlosen Stunden zum Darshan und erweckt in uns den Glauben, auch uns könnte alles so gelingen wie ihr - und dann werden wir wirklich dazu fähig.

Amma schenkt uns viele wunderbare und besondere Erinnerungen, die wie kostbare Juwelen in der Schatztruhe unseres Herzens aufbewahrt sind. Mögen wir uns auf Amma als den Urgrund unseres Seins besinnen, damit Liebe, Selbstlosigkeit und Dankbarkeit unser Leben erhellen.

Warum sollten wir uns nicht vorstellen, dass Amma unsere Hand hält und uns begleitet? Das macht sie tatsächlich - und sie wird uns nie verlassen.

www.ingramcontent.com/pod-product-compliance
Lightning Source LLC
Chambersburg PA
CBHW061830040426
42447CB00012B/2898